100% COCKTAILS

100% COCKTAILS

MOJITO, MARGARITA, SPRITZ, COSMOPOLITAN,
PALOMA, MR FIZZ, LONG ISLAND ICED TEA,
LADY KILLER, VIRGIN COLADA...

LAROUSSE

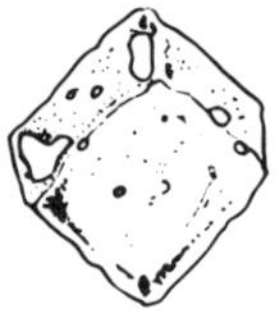

SOMMAIRE

Les incontournables . 7

Les originaux 47

Les mocktails 77

Les incontournables

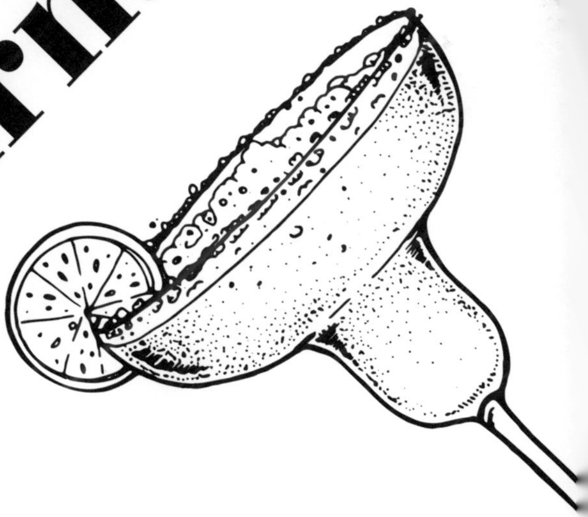

Mojito CLASSIQUE

POUR 1 VERRE

Préparation : 5 min

- *5 cl de rhum blanc cubain*
- *½ citron vert non traité*
- *5 feuilles de menthe*
- *2 c. à café bombées de sucre de canne*
- *Eau gazeuse*
- *Glace pilée*

1 Coupez le citron vert en morceaux. Placez-le dans un grand verre, ajoutez les feuilles de menthe et le sucre. Pilez pour extraire le jus de citron et libérer les arômes de la menthe. Versez le rhum.

2 Remplissez le verre de glace pilée jusqu'aux deux tiers, puis complétez avec de l'eau gazeuse.

Astuce : pour transformer vos glaçons en glace pilée, placez-les dans un torchon, fermez-le et tapez dessus à l'aide d'un maillet.

MOJITO passion

POUR 1 VERRE

Préparation : 5 min

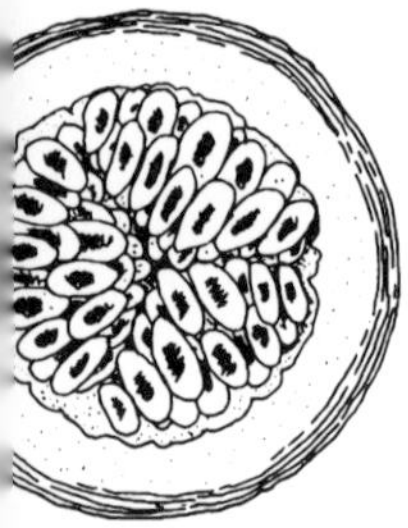

- *4 cl de rhum cubain*
- *10 feuilles de menthe fraîche*
- *½ citron vert coupé en dés*
- *1 cl de sirop de vanille*
- *2 c. à café de cassonade*
- *2 fruits de la Passion*
- *4 cl d'eau gazeuse*
- *Glace pilée*

Pour le décor :

- *½ fruit de la Passion*
- *1 pincée de sucre glace vanillé*
- *1 sommité de menthe*

1 Dans un grand verre, déposez la menthe, le citron vert, le sirop de vanille et la cassonade. Pilez l'ensemble, puis ajoutez la pulpe de fruits de la Passion et le rhum.

2 Remplissez le verre de glace pilée et complétez avec l'eau gazeuse. Mélangez et décorez le mojito avec une paille, la menthe et le fruit de la Passion saupoudré de sucre glace vanillé.

Granité MOJITO

POUR 4 PERSONNES

Préparation : 15 min
Réfrigération : 12 h

- *6 cl de rhum blanc*
- *150 g de sucre*
- *1 concombre*
- *4 citrons verts*
- *3 c. à soupe de sirop de menthe*

1 Portez 12,5 cl d'eau et le sucre à ébullition. Mixez le concombre, puis filtrez pour ne garder que l'eau du légume. Pressez les citrons verts pour obtenir 10 cl de jus.

2 Mélangez le sirop de sucre et les jus de concombre et de citron avec le reste des ingrédients. Placez la préparation une nuit au congélateur.

3 Grattez-la le lendemain, au moment de servir.

TI punch

POUR 1 VERRE

Préparation : 5 min

- *4 cl de rhum blanc agricole*
- *⅛ de citron vert non traité*
- *0,5 cl de sirop de sucre de canne*

1 Placez le quartier de citron vert dans un verre à whisky et écrasez-le à l'aide d'un pilon.

2 Versez le rhum et le sirop dans le verre. Remuez à l'aide d'une cuillère à mélange pendant 8 à 10 s.

3 Servez aussitôt en l'accompagnant d'un verre d'eau fraîche, appelé « Ti craze ».

Planteur's PUNCH

POUR 1 VERRE

Préparation : 5 min

- *6 cl de rhum ambré jamaïcain*
- *2 cl de jus de citron vert frais*
- *1 cl de sirop de grenadine*
- *2 ou 3 gouttes d'Angostura aromatic bitters®* *(facultatif)*
- *5 cl d'eau minérale plate*
- *4 ou 5 glaçons pilés*

Mettez les glaçons pilés et les ingrédients dans un grand verre. Remuez à l'aide d'une cuillère à mélange pendant 8 à 10 s. Servez aussitôt.

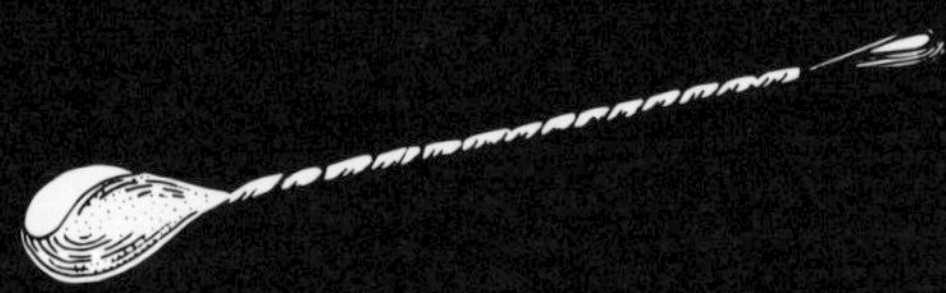

Piña COLADA

POUR 1 VERRE

Préparation : 5 min

- *4 cl de rhum blanc portoricain*
- *12 cl de jus d'ananas pur jus*
- *8 cuillères à mélange de crème de coco (en conserve)*
- *5 ou 6 glaçons*

Pour le décor :

- *1 tranche d'ananas frais d'environ 1 cm d'épaisseur*

1 Coupez un morceau triangulaire dans la tranche d'ananas, sans retirer l'écorce.

2 Mettez les glaçons, le rhum, le jus d'ananas et la crème de coco dans la partie inférieure d'un shaker. Ajustez la partie supérieure du shaker et secouez vivement pendant 8 à 10 s.

3 Filtrez au-dessus d'un grand verre à l'aide d'une passoire à glaçons. Faites une entaille dans le morceau d'ananas pour le faire tenir sur le bord du verre et servez aussitôt.

Caïpirinha

POUR 1 VERRE

Préparation : 5 min

- *5 cl de cachaça*
- *½ citron vert non traité*
- *2 cuillères à mélange de sucre*
- *3 ou 4 glaçons pilés*

1 Découpez le demi-citron vert en 4, puis placez les quartiers dans un verre à whisky. Écrasez-les à l'aide d'un pilon.

2 Mettez les glaçons pilés et les autres ingrédients dans le verre. Remuez à l'aide d'une cuillère à mélange pendant 8 à 10 s. Servez aussitôt.

Variante : en remplaçant le cachaça par du rhum cubain « 3 ans », on obtient une caïpirissima, un short drink au goût plus léger, idéal à tout moment.

DAIQUIRI

POUR 1 VERRE

Préparation : 5 min

- *4 cl de rhum blanc cubain*
- *2 cl de jus de citron vert frais*
- *1 cl de sirop de sucre de canne*
- *5 ou 6 glaçons*

1 Mettez les glaçons et les ingrédients dans la partie inférieure d'un shaker. Ajustez la partie supérieure du shaker et secouez vivement pendant 8 à 10 s.

2 Filtrez au-dessus d'un verre martini à l'aide d'une passoire à glaçons. Servez aussitôt.

MAI TAI

POUR 1 VERRE

Préparation : 5 min

- *3 cl de rhum ambré jamaïcain*
- *3 cl de rhum vieux agricole*
- *3 cl de jus de citron vert frais*
- *1,5 cl de sirop d'orgeat*
- *1,5 cl de curaçao orange*
- *⅛ de citron vert non traité*
- *1 petit brin de menthe*
- *6 à 8 glaçons pilés*

1 Mettez les glaçons pilés, les deux sortes de rhum, le jus de citron, le sirop d'orgeat et le curaçao dans la partie inférieure d'un shaker. Ajustez la partie supérieure du shaker et secouez vivement pendant 8 à 10 s.

2 Versez le contenu du shaker dans un verre à whisky. Faites une entaille dans le quartier de citron pour le faire tenir sur le bord du verre et ajoutez le brin de menthe. Servez aussitôt.

Cuba LIBRE

POUR 1 VERRE

Préparation : 5 min

- *4 cl de rhum blanc cubain*
- *¼ de citron vert non traité*
- *13 cl de cola*
- *4 ou 5 glaçons*

1 Découpez le quart de citron vert en 2, puis placez les quartiers dans un verre highball. Écrasez-les à l'aide d'un pilon.

2 Mettez les glaçons et les autres ingrédients dans le verre. Remuez à l'aide d'une cuillère à mélange pendant 8 à 10 s. Servez aussitôt.

Margarita

POUR 1 VERRE

Préparation : 5 min

- *4 cl de tequila blanco 100 % agave*
- *2 cl de jus de citron vert frais*
- *1 cl de Cointreau®*
- *Sel fin*
- *5 ou 6 glaçons*

1 Givrez le bord du verre avec du sel fin.

2 Mettez les glaçons et les ingrédients dans la partie inférieure d'un shaker. Ajustez la partie supérieure du shaker et agitez vivement pendant 8 à 10 s.

3 Filtrez au-dessus d'un verre martini à l'aide d'une passoire à glaçons. Servez aussitôt.

Frozen MARGARITA

POUR 1 VERRE

Préparation : 5 min

- *4 cl de tequila blanco 100 % agave*
- *2 cl de jus de citron vert frais*
- *1 cl de Cointreau®*
- *3 ou 4 glaçons pilés*

1 Mettez les glaçons pilés et les ingrédients dans un mixeur. Mixez en vitesse lente pendant 5 à 10 s, puis 15 à 30 s en vitesse rapide.

2 Versez le contenu du mixeur dans un verre martini. Servez aussitôt.

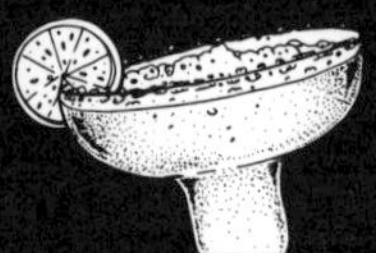

Variante : en remplaçant le Cointreau® par du curaçao bleu, on obtient un blue margarita, un short drink plus doux, idéal en soirée.

Tequila SUNRISE

POUR 1 VERRE

Préparation : 5 min

- *4 cl de tequila*
- *8 cl de jus d'orange frais*
- *1 trait de sirop de grenadine*
- *Glace pilée ou glaçons*

Pour le décor :

- *1 quartier d'orange*

1 Directement dans un verre rempli de glace pilée ou de glaçons, versez le jus d'orange et la tequila. Remuez à l'aide d'une cuillère à mélange.

2 Complétez d'un trait de sirop de grenadine, puis remuez légèrement.

3 Servez avec un agitateur, 1 quartier d'orange et une paille.

Cosmo-
POLITAN

POUR 1 VERRE

Préparation : 5 min
Congélation : 3 h

- *3,5 cl de vodka*
- *1 zeste de citron vert*
- *3,5 cl de jus de citron vert*
- *3,5 cl de liqueur de triple sec*
- *2 cl de jus de cranberry*

1 Déposez le zeste dans les alvéoles d'un bac à glaçons et ajoutez un peu d'eau. Conservez au congélateur au moins 3 h.

2 Directement dans un verre à whisky, déposez les glaçons aux agrumes, puis versez le jus de citron vert, le triple sec, le jus de cranberry et la vodka. Remuez avec une cuillère à mélange.

VODKA **martini**

POUR 1 VERRE

Préparation : 5 min

- *6 cl de vodka*
- *0,5 cl de vermouth dry*
- *6 ou 7 glaçons*

Pour le décor :

- *1 olive verte ou 1 citron non traité*

1 Mettez les glaçons et le vermouth dans un verre à mélange. Mélangez de manière circulaire et de haut en bas pendant 6 à 8 s, afin de parfumer les glaçons avec le vermouth, puis jetez le liquide en retenant les glaçons à l'aide d'une passoire à glaçons.

2 Versez la vodka sur les glaçons parfumés au vermouth et remuez à nouveau de manière circulaire et de haut en bas pendant 6 à 8 s.

3 Filtrez au-dessus d'un verre martini à l'aide d'une passoire à glaçons. Placez l'olive verte dans le verre. Vous pouvez aussi prélever un zeste de citron, le presser au-dessus du verre entre deux doigts pour extraire son jus, puis le placer dans le verre. Servez aussitôt.

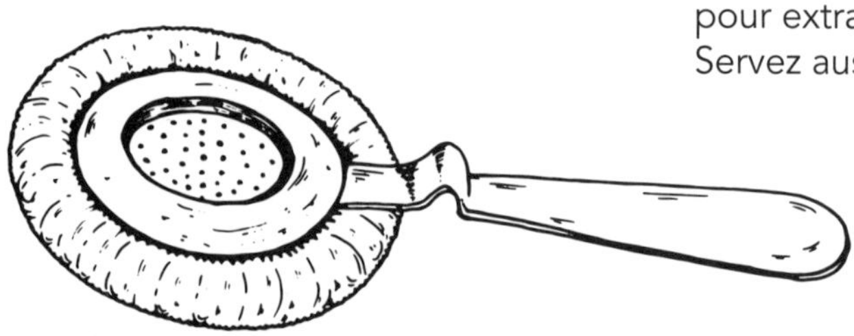

SEX on the beach

POUR 1 VERRE

Préparation : 5 min

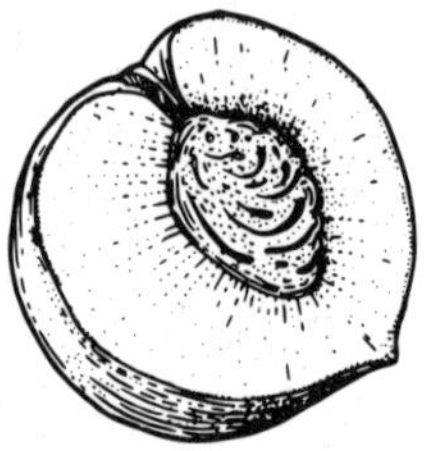

- *4 cl de vodka*
- *6 cl de nectar de cranberry*
- *6 cl de jus d'orange frais*
- *2 cl de liqueur de pêche*
- *5 ou 6 glaçons*

1 Mettez les glaçons et les ingrédients dans la partie inférieure d'un shaker. Ajustez la partie supérieure du shaker et secouez vivement pendant 8 à 10 s.

2 Filtrez au-dessus d'un grand verre à l'aide d'une passoire à glaçons. Servez aussitôt.

Moscow MULE

POUR 1 VERRE

Préparation : 5 min

- *4 cl de vodka*
- *1 cl de jus de citron vert frais*
- *2 ou 3 gouttes d'Angostura aromatic bitters® (facultatif)*
- *13 cl de ginger beer*
- *1 rondelle de citron vert non traité*
- *4 ou 5 glaçons*

1 Mettez les glaçons, la vodka, le jus de citron vert et éventuellement l'Angostura® dans un grand verre. Ajoutez le ginger beer et remuez à l'aide d'une cuillère à mélange pendant 8 à 10 s.

2 Placez la rondelle de citron dans le verre. Servez aussitôt.

Bloody MARY

POUR 1 VERRE

Préparation : 5 min

- *4 cl de vodka*
- *12 cl de jus de tomate*
- *0,5 cl de jus de citron frais*
- *0,5 cl de sauce Worcestershire*
- *3 gouttes de Tabasco® rouge*
- *1 pincée de sel de céleri*
- *1 pincée de poivre noir*
- *5 ou 6 glaçons*

Pour le décor :

- *1 petit morceau de céleri-branche*

1 Mettez les glaçons et les ingrédients dans un verre à mélange. Remuez à l'aide d'une cuillère à mélange pendant 8 à 10 s.

2 Filtrez au-dessus d'un grand verre à l'aide d'une passoire à glaçons. Rincez le morceau de céleri-branche et placez-le dans le verre. Servez aussitôt.

Astuce : pour une version « virgin mary », supprimez simplement la vodka !

Negroni

POUR 1 VERRE

Préparation : 5 min

- *½ rondelle de citron*
- *½ rondelle d'orange*
- *4 cl de Campari®*
- *4 cl de gin*
- *Quelques glaçons*

Déposez les agrumes dans un verre à whisky rempli de glaçons. Versez le Campari® et le gin, puis mélangez.

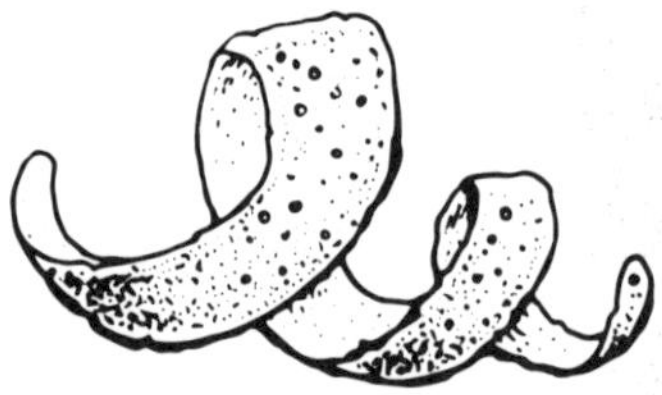

DRY martini

POUR 1 VERRE

Préparation : 5 min

- *5,5 cl de gin*
- *1,5 cl de vermouth dry*
- *5 ou 6 glaçons*

Pour le décor :

- *1 olive verte ou 1 zeste de citron non traité*

1. Mettez les glaçons, le gin et le vermouth dans un verre à mélange. Remuez à l'aide d'une cuillère à mélange pendant 8 à 10 s.

2. Filtrez au-dessus d'un verre martini à l'aide d'une passoire à glaçons. Placez l'olive dans le verre. Vous pouvez aussi prélever un zeste de citron, le presser au-dessus du verre entre deux doigts pour extraire son jus, puis le placer dans le verre. Servez aussitôt.

Gin FIZZ

POUR 1 VERRE

Préparation : 5 min

- *5 cl de gin*
- *2 cl de jus de citron frais*
- *1 cl de sirop de sucre de canne*
- *10 cl d'eau gazeuse*
- *5 ou 6 glaçons*

Pour le décor :

- *1 rondelle de citron non traité*
- *1 cerise au marasquin*

1 Mettez les glaçons, le gin, le jus de citron et le sirop de sucre dans la partie inférieure d'un shaker. Ajustez la partie supérieure du shaker et secouez vivement pendant 8 à 10 s.

2 Versez le contenu du shaker dans un grand verre. Ajoutez l'eau gazeuse et placez la rondelle de citron et la cerise au marasquin dans le verre. Servez aussitôt.

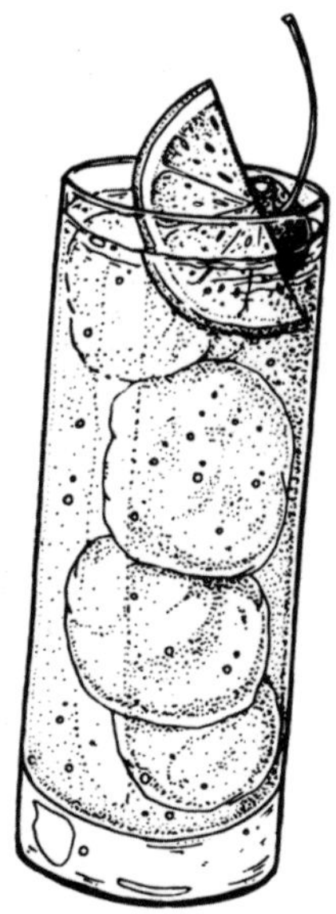

SANGRIA rouge

POUR 10 VERRES ENVIRON

Préparation : 5 min
Réfrigération : 4 h

- *75 cl de vin rouge espagnol (rioja)*
- *6 cl de cognac*
- *6 cl de Cointreau®*
- *6 cl de jus d'orange frais*
- *6 morceaux de sucre*
- *1 bâton de cannelle*
- *25 cl d'eau gazeuse*
- *18 glaçons*

Pour le décor :

- *10 rondelles de citron jaune et de citron vert non traité*
- *10 rondelles d'orange non traitée*

1 Mettez les ingrédients (sauf l'eau gazeuse et les glaçons) dans un saladier, puis remuez. Couvrez d'un film étirable et réservez au moins 4 h au frais.

2 Ajoutez les glaçons, l'eau gazeuse et les agrumes. Remuez et servez en mettant 1 ou 2 glaçons et 1 rondelle de chaque agrume dans chaque verre à vin.

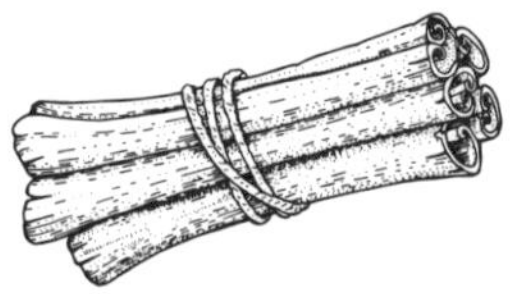

Sangria BLANCHE

POUR 10 VERRES ENVIRON

Préparation : 10 min
Réfrigération : 24 h

- *75 cl de vin blanc*
- *15 cl de sherry*
- *2 citrons verts*
- *1 pamplemousse*
- *1,5 mandarines*
- *100 g de sucre*
- *3 framboises*
- *Glaçons ou glace pilée*

1 Coupez les citrons et le pamplemousse en rondelles. Recoupez les rondelles de pamplemousse en 4. Pelez les mandarines et séparez les quartiers.

2 Dans un saladier ou une grande carafe, déposez les citrons, les pamplemousses, les mandarines, le sucre et les framboises. Versez le sherry. Laissez macérer environ 24 h au frais en remuant de temps en temps.

3 Ajoutez le vin blanc et des glaçons ou de la glace pilée au moment de servir.

Pimm's cocktail

POUR 2 LITRES

Préparation : 5 min

- *70 cl de Pimm's n° 1®*
- *70 cl de ginger ale*
- *60 cl de limonade*
- *1 concombre*
- *3 citrons jaunes*
- *1 brin de menthe fraîche*
- *1 orange*
- *3 fraises*
- *Glaçons*

1 Détaillez le concombre en lamelles, les citrons jaunes et l'orange en demi-rondelles. Dans un saladier ou une grande carafe, mettez le concombre, les citrons, l'orange et les feuilles de menthe. Versez la liqueur Pimm's n° 1®.

2 Au moment de servir, ajoutez des glaçons, les fraises coupées en deux, le ginger ale et la limonade.

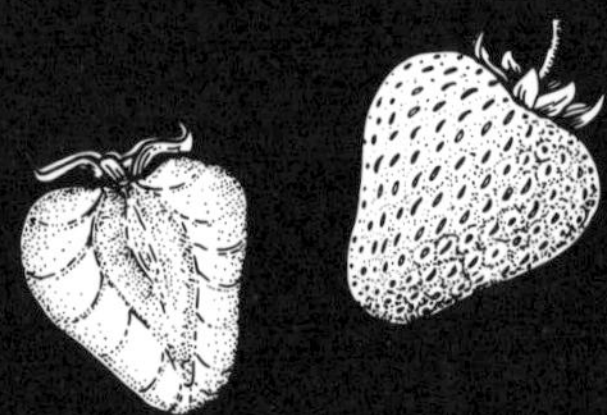

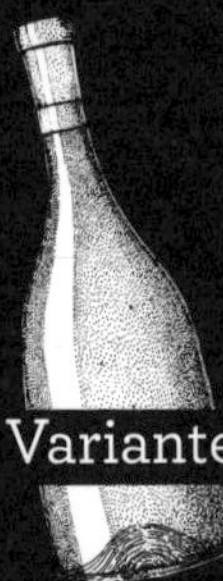

Variante : vous pouvez remplacer le ginger ale et la limonade par du champagne.

Bellini

POUR 1 VERRE

Préparation : 5 min

- *6 cl de champagne brut frappé*
- *6 cl de purée de pêche (blanche de préférence)*

1 Mettez la purée de pêche dans une flûte à champagne, puis versez lentement le champagne dessus.

2 Remuez légèrement à l'aide d'une cuillère à mélange pendant 2 ou 3 s. Servez aussitôt.

ROSSINI

POUR 1 VERRE

Préparation : 5 min

- *8 cl de champagne brut frappé*
- *10 à 12 fraises*

1 Rincez les fraises à l'eau fraîche, puis passez-les au mixeur jusqu'à obtenir la consistance d'une purée.

2 Mettez 4 cl de purée de fraise dans une flûte à champagne, puis versez lentement le champagne dessus. Remuez légèrement à l'aide d'une cuillère à mélange pendant 2 ou 3 s. Servez aussitôt.

La folie du SPRITZ !

Spritz classique

POUR 1 VERRE

Préparation : 5 min

- *12 cl de vin blanc (type chardonnay)*
- *6 cl d'Aperol®*
- *½ rondelle d'orange*
- *3 cl de soda (type Perrier®)*
- *Glace pilée*

Déposez la rondelle d'orange dans un verre à vin rempli de glace pilée, puis versez le vin blanc, l'Aperol® et le soda.

Spritz DOLCE

POUR 1 VERRE

Préparation : 5 min

- *12 cl de vin blanc pétillant (type prosecco)*
- *6 cl d'Aperol®*
- *3 cl de soda (type Perrier®)*
- *½ rondelle d'orange*
- *Glace pilée*

Versez le vin pétillant et l'Aperol® dans un verre à vin rempli de glace pilée, puis ajoutez le soda et la rondelle d'orange.

Bloody SPRITZ

POUR 1 VERRE

Préparation : 5 min

- *6 cl de vin blanc pétillant (type prosecco)*
- *6 cl de Campari®*
- *½ rondelle d'orange*
- *8 cl de jus d'orange sanguine*
- *Glace pilée*

Déposez la rondelle d'orange dans un verre à vin rempli de glace pilée, puis versez le jus d'orange sanguine, le Campari® et le vin blanc pétillant.

Old FASHIONED

POUR 1 VERRE

Préparation : 5 min

- *5 cl de rye whiskey*
- *4 ou 5 gouttes d'Angostura aromatic bitters®*
- *1 morceau de sucre*
- *3 ou 4 glaçons*

Pour le décor :

- *1 zeste d'orange non traitée*
- *1 cerise au marasquin*

1 Versez l'Angostura® sur le morceau de sucre et placez celui-ci dans un verre à whisky. Écrasez le sucre imbibé à l'aide d'un pilon.

2 Ajoutez les glaçons et le whiskey dans le verre. Remuez à l'aide d'une cuillère à mélange pendant 10 s.

3 Prélevez le zeste d'orange avec un Économe. Pressez, au-dessus du verre, le zeste entre deux doigts pour extraire son jus, puis placez-le dans le verre. Ajoutez la cerise au marasquin et servez aussitôt.

Manhattan

POUR 1 VERRE

Préparation : 5 min

- *5 cl de rye whiskey*
- *2 cl de vermouth rouge*
- *2 ou 3 gouttes d'Angostura aromatic bitters®*
- *5 ou 6 glaçons*

Pour le décor :

- *1 cerise au marasquin*

1 Mettez les glaçons, le whiskey, le vermouth et l'Angostura® dans un verre à mélange. Remuez à l'aide d'une cuillère à mélange pendant 8 à 10 s.

2 Filtrez au-dessus d'un verre martini à l'aide d'une passoire à glaçons. Placez la cerise au marasquin dans le verre et servez aussitôt.

Les originaux

Peachy TEA

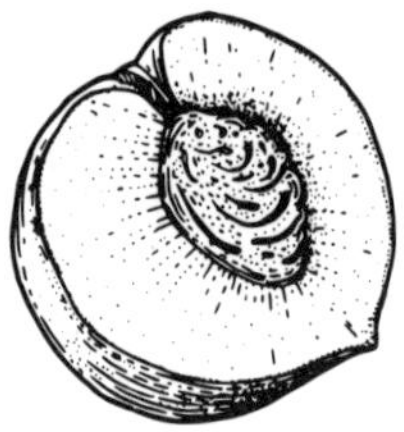

POUR 2,5 LITRES —

Préparation : 5 min
Réfrigération : 24 h

- *50 cl de rhum blanc*
- *90 cl de thé Earl Grey*
- *1 l de jus de pêche*
- *4 citrons jaunes*
- *2 pêches fraîches*
- *10 cl de sirop d'agave*
- *1 gousse de vanille*
- *Glaçons*

1 Détaillez les citrons en rondelles. Pelez les pêches, dénoyautez-les et coupez-les en quartiers.

2 Dans un saladier ou une grande carafe, mettez les citrons, le sirop d'agave, les pêches, la vanille et le rhum. Laissez macérer environ 24 h à couvert au réfrigérateur.

3 Ajoutez le thé froid et le jus de pêche. Au moment de servir, remuez et ajoutez des glaçons.

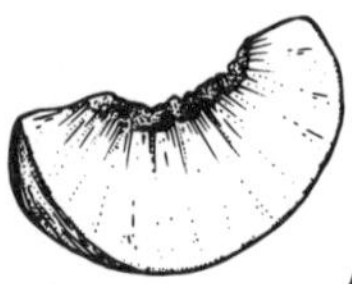

Astuce : même si ce n'est pas obligatoire, mieux vaut retirer la peau des pêches qui pourrait apporter de l'amertume à ce punch.

Nature

L'IRLANDAIS

POUR 1 VERRE
Préparation : 5 min
Cuisson : 20 min

- *4 cl de rhum blanc*
- *5 cl de jus de pomme trouble*
- *10 cl de cidre*
- *10 cl de bière pale ale*
- *Glace pilée*

Pour le décor :

- *1 pomme*

1 Préparez la pomme séchée. Préchauffez le four à 150 °C. Découpez la pomme en tranches fines et déposez-les sur une grille à mi-hauteur. Laissez-les sécher pendant 20 min environ.

2 Directement dans un verre à bière rempli de glace pilée, versez le rhum, le jus et le cidre. Remuez et complétez de bière. Décorez avec une tranche de pomme séchée.

PAIN killer

POUR 1 VERRE
Préparation : 5 min

- *4 cl de rhum cubain « 3 ans »*
- *9 cl de jus d'ananas (pur jus de fruits)*
- *3 cl de jus d'orange frais*
- *8 cuillères à mélange de crème de coco (en conserve)*
- *4 ou 5 glaçons*

1 Mettez les glaçons et les ingrédients dans la partie inférieure d'un shaker. Ajustez la partie supérieure du shaker et secouez vivement pendant 8 à 10 s.

2 Filtrez au-dessus d'un grand verre à l'aide d'une passoire à glaçons. Servez aussitôt.

Variante : en remplaçant le jus d'orange par du jus d'ananas (pur jus de fruits) et en ajoutant 1 cl de curaçao bleu, on obtient un blue hawaiian, un long drink plus coloré, idéal à tout moment.

ALLEMAGNE
RÉPUBLIQUE TCHEQUE

Old salty BASTARD

POUR 1 VERRE

Préparation : 5 min

- *6 cl de mezcal*
- *3 cl de Cynar®*
- *1 cl de sirop de miel*
- *Glaçons*

Pour le décor :

- *Zeste de citron jaune*
- *1 pincée de sel (facultatif)*

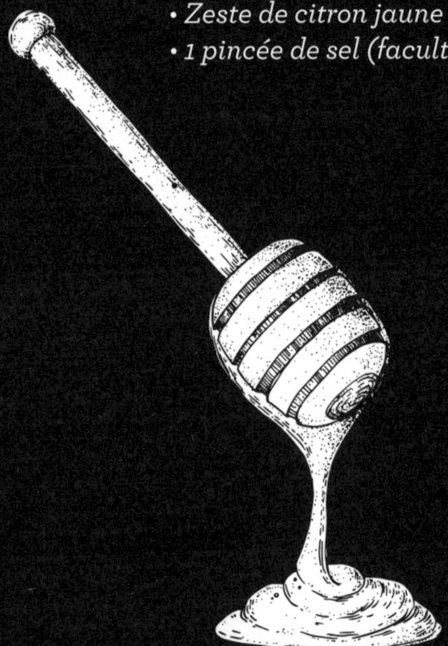

1 Dans un verre à mélange rempli de glaçons, versez directement les ingrédients et remuez à l'aide d'une cuillère à mélange.

2 Versez à l'aide d'une passoire dans un verre de type sherry cobbler rempli de glaçons.

3 Décorez et parfumez le verre d'un zeste de citron jaune et d'une pincée de sel.

COPPA cabana BEACH

POUR 1 VERRE
Préparation : 5 min

- *5 cl de cachaça*
- *2 cl de jus de citron vert frais*
- *1 cl de sirop de sucre liquide*
- *6 cl d'eau de coco fraîche*
- *1 rondelle de citron vert*
- *fleur de sel (facultatif)*
- *Glaçons*

1 Directement dans un verre à pied, versez tous les ingrédients sauf le sel et la rondelle de citron. Remuez avec une cuillère à mélange.

2 Ajoutez la rondelle de citron vert dans le verre avec des glaçons.

3 Si vous le souhaitez, vous pouvez accentuer le côté salé en faisant un demi-givrage de fleur de sel sur le bord de votre verre.

Astuce : attention à bien utiliser de l'eau de coco fraîche car c'est la seule qui ait une saveur iodée naturellement.

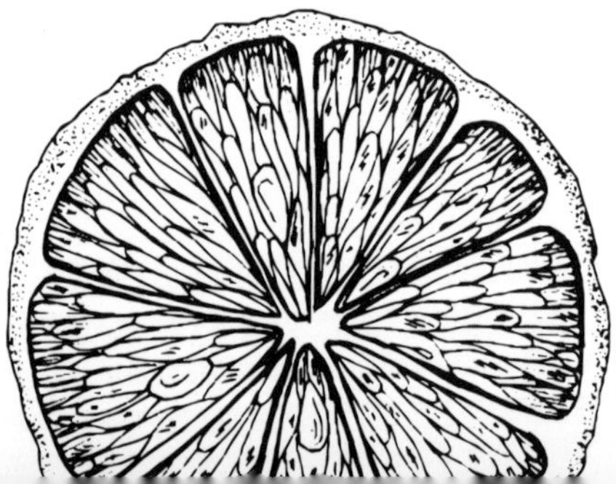

Paloma

POUR 1 VERRE

Préparation : 5 min

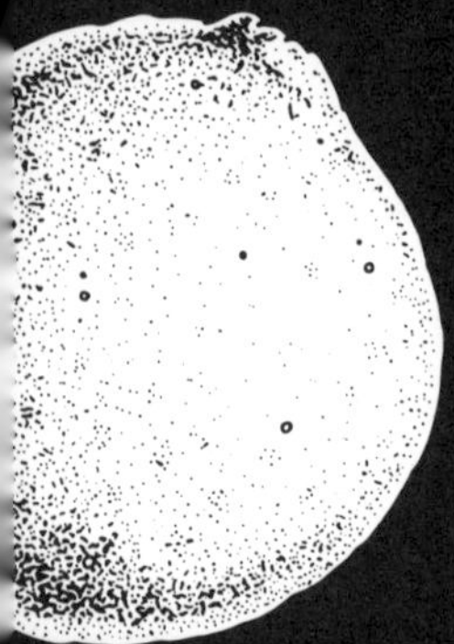

- *5 cl de tequila*
- *2 cl de jus de citron vert*
- *2 cl de jus de pamplemousse rose frais*
- *2 cl de miel*
- *7,5 cl de prosecco*
- *Glaçons*

Pour le décor :

- *1 rondelle de citron vert*
- *1 zeste de pamplemousse*

1 Directement dans un verre à whisky, versez tous les ingrédients, puis ajoutez des glaçons. Remuez légèrement avec une cuillère à mélange.

2 Décorez le verre avec 1 rondelle de citron vert et 1 zeste de pamplemousse.

Mango FLOWER

POUR 1 VERRE

Préparation : 5 min

- *4 cl de tequila*
- *2 cl de liqueur de fleur de sureau*
- *4 cl de jus de mangue frais*
- *1 cl de jus de citron vert*
- *7,5 cl de pétillant pêche*
- *Glaçons*

Pour le décor :

- *1 morceau de mangue*
- *1 zeste de citron vert*

1 Directement dans un verre à whisky, versez tous les ingrédients sauf le pétillant. Remuez avec une cuillère à mélange, puis ajoutez des glaçons et le pétillant.

2 Décorez le verre avec 1 morceau de mangue et 1 zeste de citron vert.

Second CHANCE

POUR 1 VERRE

Préparation : 5 min

- *4 cl de tequila*
- *2 cl de jus de citron vert frais*
- *2 cl de miel d'agave*
- *4 cl de jus d'ananas frais*
- *1 brin de romarin*
- *2 cl de soda au gingembre*
- *Glaçons*

Pour le décor :

- *1 brin de romarin*

1 Directement dans un verre à pied, versez tous les liquides sauf le soda. Remuez avec une cuillère à mélange, puis ajoutez le soda et des glaçons.

2 Décorez le verre avec le romarin.

Mr FIZZ

POUR 1 VERRE

Préparation : 5 min

- *3 cl de vodka*
- *1 blanc d'œuf*
- *3 cl de curaçao bleu*
- *3 cl de jus de citron vert frais*
- *1 cl de sirop de sucre de canne*
- *Eau gazeuse (type Perrier®)*
- *Glaçons*

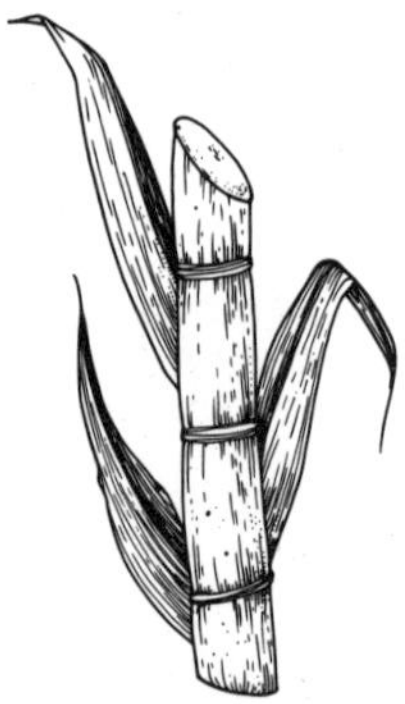

1 Versez tous les ingrédients dans un shaker, en commençant par le blanc d'œuf, ce qui évitera de jeter le mélange si vous faites tomber le jaune. Shakez le tout. Ajoutez des glaçons et shakez à nouveau.

2 Versez la préparation avec les glaçons dans un grand verre, puis complétez avec l'eau gazeuse. N'en versez pas plus de 4 cl.

Pink FLOYD

POUR 1 VERRE

Préparation : 5 min

- *1 cl de vodka*
- *2 cl de liqueur de fraise*
- *4 cl de jus de litchi*
- *2 cl de jus de pamplemousse rose frais*
- *7,5 cl de champagne*
- *1 cl de sirop de rose*
- *Glaçons*

1 Directement dans une flûte, versez tous les ingrédients sauf le champagne et le sirop. Ajoutez quelques glaçons et remuez avec une cuillère à mélange.

2 Ajoutez le champagne, puis le sirop en dernier afin de créer un effet d'étage.

BLUE lagoon

POUR 1 VERRE

Préparation : 5 min

- *4 cl de vodka*
- *1,5 cl de jus de citron frais*
- *1,5 cl de curaçao bleu*
- *5 ou 6 glaçons*

1 Mettez les glaçons et les ingrédients dans la partie inférieure d'un shaker. Ajustez la partie supérieure du shaker et secouez vivement pendant 8 à 10 s.

2 Filtrez au-dessus d'un verre martini à l'aide d'une passoire à glaçons. Servez aussitôt.

Variante : en utilisant un verre high-ball et en ajoutant de la limonade, on obtient un blue lagoon highball, un long drink plus doux, idéal à tout moment.

Fresh AIR

POUR 1 VERRE

Préparation : 5 min

- *4 cl de gin*
- *4 cl de Martini® blanc*
- *2 cl de jus de citron jaune*
- *1 cl de sirop de sucre liquide*
- *15 cl de limonade*
- *Glaçons*

Pour le décor :

- *1 rondelle d'orange*
- *Quelques brins de thym citron*

1 Directement dans un verre tumbler, versez tous les liquides sauf la limonade. Remuez avec une cuillère à mélange, puis ajoutez des glaçons et la limonade.

2 Décorez le verre avec 1 rondelle d'orange et quelques brins de thym citron.

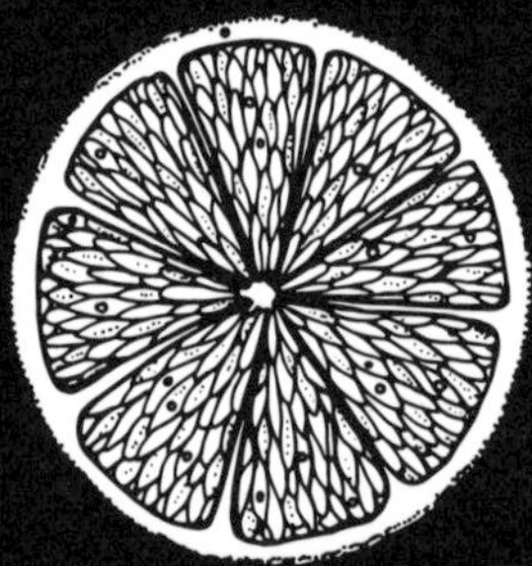

LAST world

POUR 1 VERRE

Préparation : 5 min

- *3 cl de gin*
- *1 cl de jus de citron vert frais*
- *3 cl de chartreuse verte*
- *2 cl de liqueur de marasquin*
- *Glace pilée*

1 Directement dans un shaker rempli de glace pilée, versez le jus de citron vert, la chartreuse, le gin et la liqueur, puis frappez énergiquement.

2 Versez à l'aide d'une passoire dans un verre à cocktail.

Limoncello CONCERTO

POUR 10 PERSONNES

Préparation : 5 min
Réfrigération : 3 h

- *20 cl de gin*
- *50 cl de limoncello*
- *20 cl de jus de citron jaune (4 citrons)*
- *1,5 l de soda citron*
- *1 bouquet de menthe*
- *Glaçons*

1 Directement dans une vasque, versez tous les ingrédients sauf le soda et la menthe. Remuez et réservez au congélateur si possible ou au réfrigérateur pendant quelques heures afin que le mélange soit extrêmement frais.

2 Au moment du service, ajoutez des glaçons, le soda et le bouquet de menthe. Remuez avec une cuillère à mélange, puis servez.

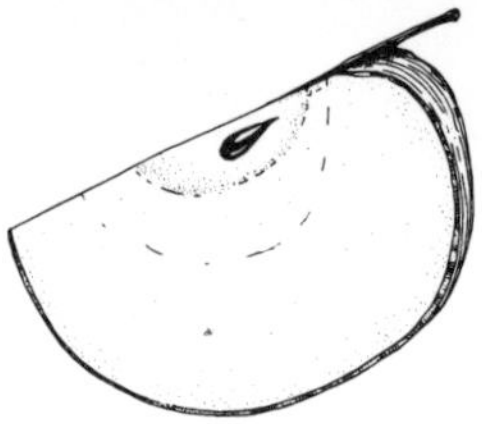

My MEDICINE

POUR 1 VERRE

Préparation : 5 min
Réfrigération : 5 min

- *4 cl de bourbon*
- *2 cl de jus de pomme frais*
- *1 cl de jus de citron jaune frais*
- *1 cl de sirop de sucre liquide*
- *1 feuille de sauge*
- *7,5 cl de cidre brut*
- *Glaçons*

1 Directement dans une coupe, versez tous les ingrédients, sauf le cidre et les glaçons. Remuez avec une cuillère à mélange, puis réservez au frais quelques minutes pour laisser infuser la sauge.

2 Ajoutez au dernier moment le cidre et des glaçons, et remuez légèrement.

Vintage

POUR 1 VERRE

Préparation : 5 min

- *4 cl de whisky irlandais (type Jameson®)*
- *2 cl de sirop de pain d'épice*
- *2 cl de jus de citron vert frais*
- *Vin rouge*
- *Glaçons et glace pilée*

1 Dans un shaker rempli de glaçons, versez tous les ingrédients sauf le vin, puis shakez.

2 Tout en filtrant, transvasez le mélange dans un verre à pied rempli de glace pilée. Versez tout simplement sur le dos d'une cuillère le vin rouge afin de créer un effet d'étage.

The KING

POUR 1 VERRE

Préparation : 5 min

- *7,5 cl de cidre brut*
- *1,5 cl de jus de citron jaune frais*
- *1,5 cl de sucre liquide*
- *1 cl de pommeau*
- *Glaçons*

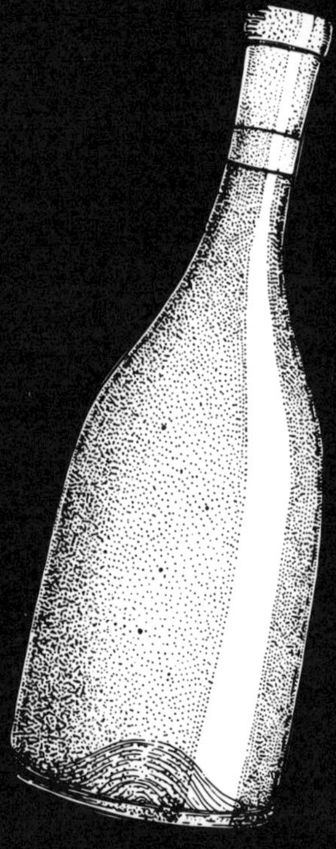

1 Directement dans un verre tumbler rempli de glaçons, versez le jus de citron fraîchement pressé, le sucre et le pommeau. Remuez avec une cuillère à mélange.

2 Si vous avez un blender, mixez quelques secondes la préparation, puis complétez avec le cidre brut.

Lady KILLER

POUR 1 VERRE

Préparation : 5 min

- *20 cl de bière blanche*
- *6 cl de vin rosé*
- *2 cl de sirop de pamplemousse rose*
- *Zeste citron vert*
- *Glace pilée*

Directement dans un verre à bière à moitié rempli de glace pilée, versez le vin et le sirop. Complétez de bière blanche, remuez et exprimez le zeste de citron vert. Dégustez immédiatement.

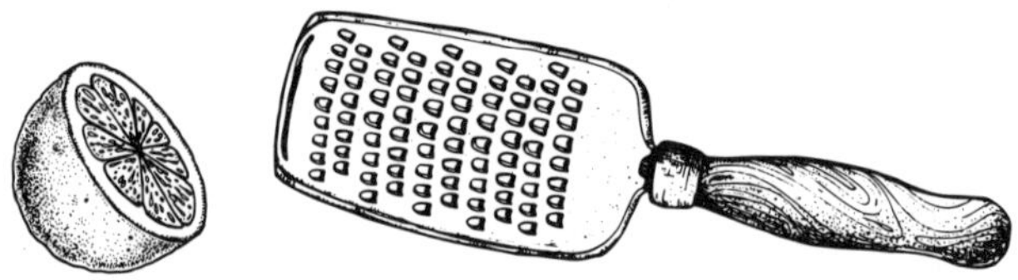

Ô piquante

POUR 1 VERRE

Préparation : 5 min

- *20 cl de bière blonde*
- *4 cl de gin*
- *1 c. à café de sel*
- *1 c. à café de piment*
- *½ citron vert*
- *Glace pilée*

1 Mélangez le sel et le piment. Humidifiez la partie haute du verre à bière à l'aide du demi-citron vert et faites tourner le verre dans le mélange afin de faire une collerette épicée.

2 Remplissez le verre de glace pilée, puis versez le gin et le jus du citron. Complétez de bière blonde, remuez et dégustez immédiatement.

LONG ISLAND iced tea

POUR 1 VERRE

Préparation : 5 min

- *1 cl de vodka*
- *1 cl de gin*
- *1 cl de rhum blanc*
- *1 cl de tequila*
- *1 cl de liqueur de triple sec*
- *2 cl de jus de citron jaune frais*
- *15 cl de Coca-Cola®*
- *Glaçons*

1 Directement dans un verre tumbler, versez tous les ingrédients sauf le cola. Ajoutez quelques glaçons, puis remuez avec une cuillère à mélange.

2 Ajoutez ensuite le Coca-Cola®, il va descendre au fond du verre et créer un effet d'étage.

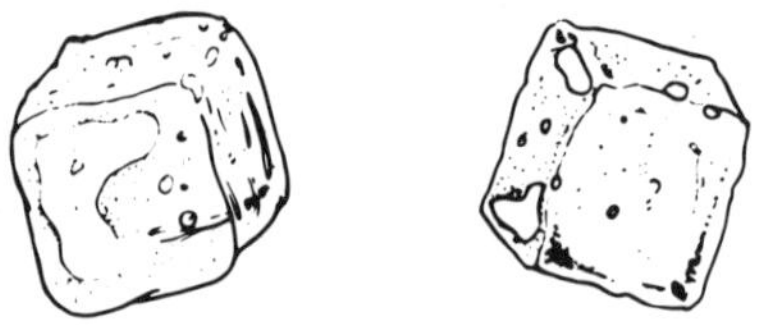

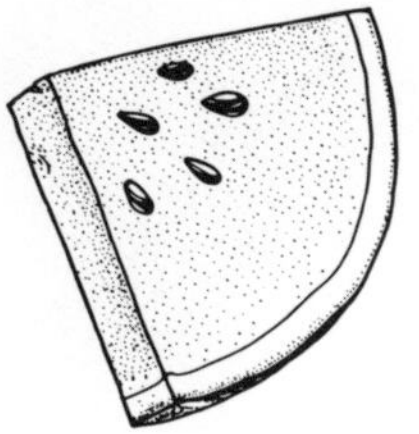

Les mocktails

Virgin COLADA

POUR 1 VERRE
Préparation : 5 min

- *14 cl de jus d'ananas (pur jus de fruits)*
- *8 c. à mélange de crème de coco (en conserve)*
- *4 ou 5 glaçons*

Pour le décor :

- *¼ de tranche d'ananas d'environ 0,5 cm d'épaisseur*

1 Mettez les glaçons et les ingrédients dans la partie inférieure d'un shaker. Ajustez la partie supérieure du shaker et agitez vivement pendant 8 à 10 s.

2 Versez le contenu du shaker dans un grand verre. Placez le morceau d'ananas dans le verre et servez aussitôt.

VIRGIN mojito

POUR 1 VERRE
Préparation : 5 min

- *½ concombre*
- *½ citron vert non traité*
- *1 brin de menthe*
- *1 trait de sirop de menthe*
- *Glace pilée*
- *Eau gazeuse*

1 Mixez le concombre et pressez le citron vert.

2 Filtrez le tout et versez dans le verre. Ajoutez le brin de menthe entier, le sirop et de la glace pilée, puis complétez avec de l'eau gazeuse.

Pomelo MOJITO

POUR 1 VERRE

Préparation : 5 min

- *½ pamplemousse rose*
- *10 feuilles de menthe*
- *1 c. à soupe de miel liquide*
- *10 cl de Schweppes® agrumes*
- *Glaçons*

1 Coupez le pamplemousse en 2. Détaillez la moitié en tranches et répartissez-les dans un verre. Pelez à vif l'autre moitié et détaillez en suprêmes.

2 Placez les suprêmes dans un shaker avec environ 7 feuilles de menthe et le miel, et écrasez le tout à l'aide d'un pilon.

3 Remplissez le shaker de glaçons et versez le Schweppes® agrumes. Frappez énergiquement pendant une quinzaine de secondes, puis filtrez à l'aide d'une passoire dans le verre. Complétez avec des glaçons et décorez avec les feuilles de menthe restantes.

Betty BOOP

POUR 1 VERRE

Préparation : 5 min

- *3 fraises*
- *1 rondelle de concombre*
- *10 cl de jus de poire*
- *3 cl d'eau pétillante*
- *Glace pilée*

1 Coupez les fraises en 2. Déposez-les dans un verre fantaisie avec la rondelle de concombre.

2 Ajoutez la glace pilée et versez le jus de poire, puis l'eau pétillante. Remuez et servez aussitôt.

Charly BABY

POUR 1 VERRE

Préparation : 5 min

- *12 cl de jus de raisin blanc*
- *8 cl de nectar de fraise*
- *1 c. à café de sucre vanillé*
- *4 cl d'eau pétillante*
- *Glaçons*

Dans un verre fantaisie, versez le jus de raisin et le nectar de fraise. Ajoutez le sucre vanillé et les glaçons. Remuez, puis versez l'eau pétillante.

Astuce : pour un plus bel effet, remplacez le nectar de fraise par des fraises coupées en 2.

Cucumber EN FOLIE

POUR 1 VERRE

Préparation : 10 min

- *20 g de concombre*
- *10 cl de thé oolong froid*
- *2 cl de sirop de citron*
- *1 feuille de basilic*
- *6 cl de limonade artisanale*
- *Glace pilée*

Pour le décor :

- *1 rondelle de concombre*
- *1 feuille de basilic*

1 Préparez le thé en le laissant infuser moins de 3 min, puis laissez refroidir.

2 Coupez le concombre en dés et déposez-les dans un verre fantaisie. Ajoutez la feuille de basilic et le sirop de citron. Pilez à l'aide d'un pilon.

3 Ajoutez la glace pilée, le thé froid et complétez avec la limonade. Remuez et agrémentez d'une rondelle de concombre et d'une feuille de basilic.

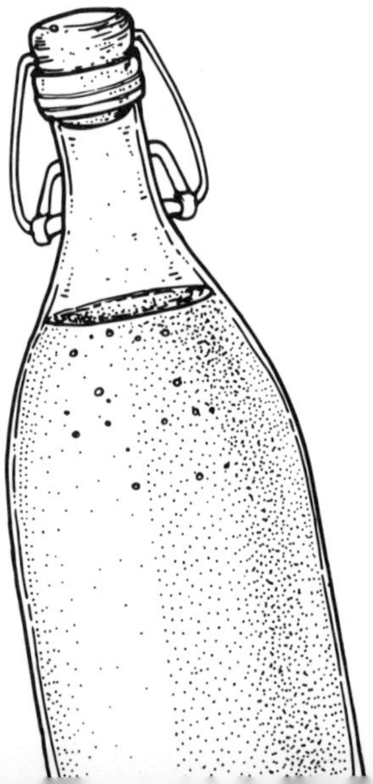

ORIGINAL FRESH

POUR 1 VERRE
Préparation : 5 min

- *1 rondelle d'orange*
- *15 cl de jus de groseille*
- *5 cl de soda*
- *1 sommité de menthe*
- *Glaçons ou glace pilée*

1 Dans un verre à moitié rempli de glaçons ou de glace pilée, déposez la rondelle d'orange et versez le jus de groseille, puis le soda.

2 Remuez et exprimez la menthe au-dessus du verre.

Buggy BUNNY

POUR 1 VERRE
Préparation : 5 min

- *10 cl de jus de carotte*
- *4 cl de nectar de poire*
- *8 cl de jus d'orange*
- *½ fruit de la Passion*
- *Glaçons ou glace pilée*

1 Dans un verre fantaisie, versez le jus de carotte, le nectar de poire, le jus d'orange et le fruit de la Passion vidé.

2 Remuez à l'aide d'une cuillère à mélange et ajoutez des glaçons ou de la glace pilée.

Astuce : ce mocktail peut aussi se réaliser au mixeur.

Exotico

POUR 1 VERRE
Préparation : 10 min

- *10 cl d'infusion de vanille*
- *1 banane*
- *¼ de mangue*
- *10 cl d'eau de coco*
- *Glace pilée*

1. Réalisez l'infusion de vanille et laissez refroidir.
2. Coupez la banane en rondelles et la mangue en morceaux.
3. Dans un verre à moitié rempli de glace pilée, déposez les fruits et versez l'infusion froide et l'eau de coco. Remuez et servez avec une grande cuillère.

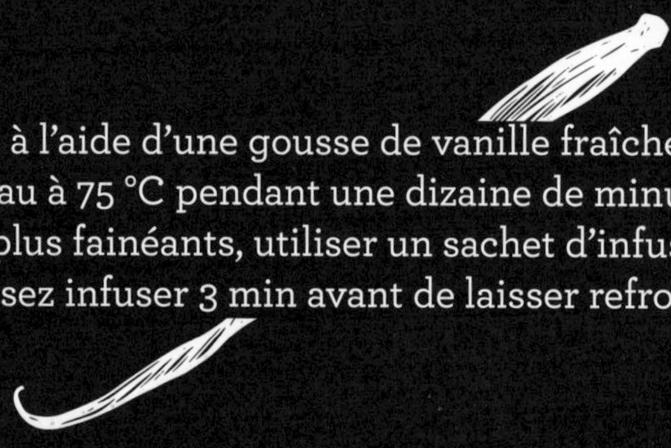

Astuce : réalisez l'infusion de vanille à l'aide d'une gousse de vanille fraîche. Incisez-la en 2 et déposez dans 30 cl d'eau à 75 °C pendant une dizaine de minutes, puis filtrez et laissez refroidir. Pour les plus fainéants, utiliser un sachet d'infusion vanille acheté dans le commerce, et laissez infuser 3 min avant de laisser refroidir.

DÉTOX à l'italienne

POUR 1 VERRE

Préparation : 5 min

- *10 cl de jus d'ananas*
- *100 g de pastèque en dés*
- *1 grappe de tomates cerises*
- *Glaçons ou glace pilée*

1 Déposez le jus d'ananas et les dés de pastèque dans un blender avec les tomates cerises. Réservez 1 dé de pastèque et 1 dé de tomate. Mixez une dizaine de secondes, puis versez dans un verre fantaisie rempli de glaçons ou de glace pilée.

2 Décorez avec les morceaux de fruits.

San ITALIA

POUR 1 VERRE

Préparation : 5 min

- *½ rondelle d'orange*
- *12 cl de Sanbitter®*
- *6 cl de jus de pamplemousse*
- *3 cl de soda (type Perrier®)*
- *Glaçons ou glace pilée*

Déposez l'orange dans un verre à vin rempli de glaçons ou de glace pilée, puis versez les ingrédients et mélangez.

SANBITTER

Citronnade au GINGEMBRE

POUR 1 LITRE

Préparation : 5 min

- *3 citrons non traités*
- *10 cl de sirop d'agave*
- *15 g de gingembre*
- *1 l d'eau*
- *Glaçons*

Pour le décor :

- *Quelques rondelles de citron*

1 Coupez les citrons en 2. Pelez et coupez le gingembre en lamelles.

2 Dans un mixeur, déposez les demi-citrons. Ajoutez le sirop, les lamelles de gingembre et versez 50 cl d'eau. Mixez 5 s en vitesse maximale et ajoutez le reste de l'eau. Filtrez à l'aide d'un chinois dans une bouteille. Conservez au frais.

3 Servez avec les glaçons et agrémentez de rondelles de citron.

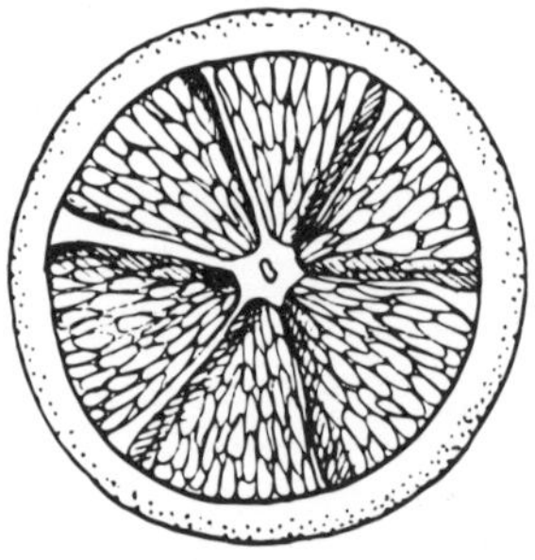

INDEX PAR INGRÉDIENT

Crédits

Recettes : © Larousse : Guillaume Guerbois (p. 10) ; Guillaume Guerbois et Déborah Charlemoine (p. 54, 56, 58, 60, 62, 64, 68, 70, 74) ; Larousse (p. 12, 14, 16, 18, 20, 26, 28, 30, 32, 34, 36, 40, 44, 50, 62, 78) ; Séverine Augé (p. 8, 10, 78) ; Sandrine Houdré-Grégoire (p. 22, 32, 36, 38, 42, 48, 50, 52,64, 72, 80, 82, 84, 86, 88, 90, 92) ; Sandrine Houdré-Grégoire et Guillaume Guerbois (p. 66).

Photographies : © Larousse : Charly Deslandes (p. 9, 23, 51, 55, 57, 59, 61, 63, 67, 69, 71, 73, 75, 79, 83, 85, 87, 89, 93) ; Emanuela Cino (p. 19, 31, 53, 65) ; Fabrice Besse (p. 11, 33, 39, 43, 49, 91) ; Shutterstock (p. 13, 15, 11, 21, 25, 27, 29, 35, 37, 41, 45, 81).

Illustrations : © Shutterstock

Direction de la publication : Isabelle Jeuge-Maynart et Ghislaine Stora
Direction éditoriale : Émilie Franc
Direction artistique : Géraldine Lamy
Édition : Flore Beaugendre assistée de Mathilde Pichon
Couverture : Bastien Gélas
Création graphique et mise en pages : Camille de Montmorillon
Fabrication : Donia Faiz
Relecture : Audrey Peuportier

ISBN : 978-2-03-604090-8
Imprimé en RPC
Dépôt légal : octobre 2022
331653/01 – 11050920– mai 2022

100% APÉRO

100% APÉRO

SABLÉS AU PARMESAN, PLANCHE DE MEZZE, TAPAS, TARTINADES, TACOS ÉPICÉS, PAIN HÉRISSON, BAGUETTE MAGIQUE, TARTE COURONNE...

LAROUSSE

SOMMAIRE

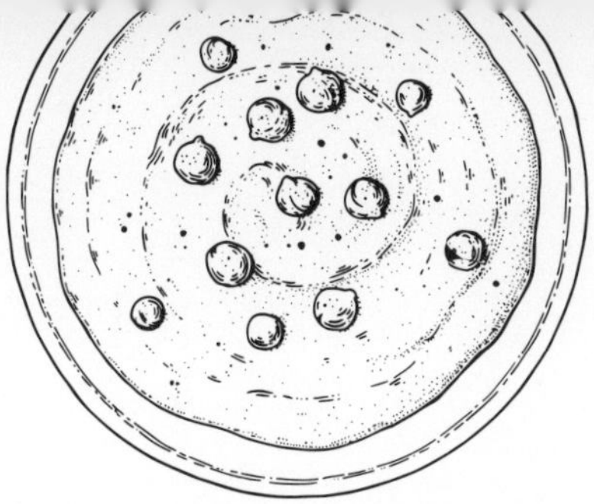

À partager 49

Côté sucré 77

Chips DE LÉGUMES

POUR 4 PERSONNES

Préparation : 30 min
Cuisson : 10 min
Repos : 1 h

- *4 pommes de terre rouges*
- *2 grosses carottes*
- *4 petits navets*
- *Huile de friture*

Pour les sauces :

- *8 filets d'anchois*
- *3 gousses d'ail hachées*
- *4 feuilles de basilic hachés*
- *2 c. à soupe d'huile d'olive*
- *2 c. à soupe de vinaigre de vin*
- *100 g de tomates concassées*
- *8 olives noires dénoyautées hachées*
- *2 c. à soupe de mayonnaise à l'huile d'olive*
- *Sel et poivre*

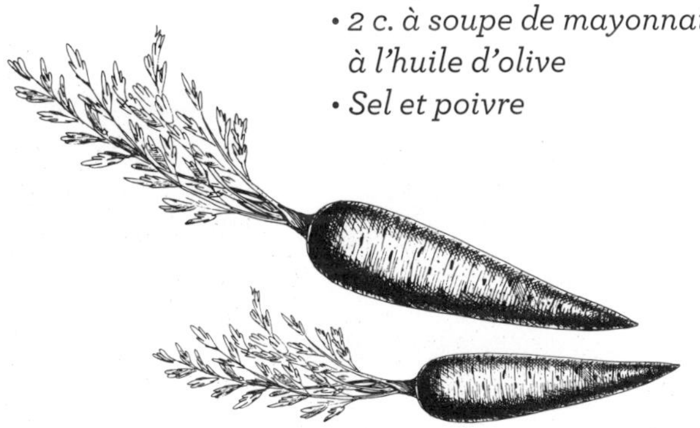

1 Pelez les légumes, puis coupez-les en tranches fines à l'aide d'une mandoline ou d'un Économe. Lavez-les, puis placez-les 1 h dans un grand récipient d'eau très froide.

2 Préparez la sauce aux anchois. Dans un petit bol, écrasez les filets d'anchois et 1 gousse d'ail à l'aide d'un pilon, ajoutez le basilic haché, l'huile d'olive, le vinaigre et du poivre.

3 Préparez la sauce aux tomates. Dans une casserole, faites chauffer les tomates 5 min à feu vif avec les olives hachées.

4 Préparez la mayonnaise à l'ail. Hachez le reste d'ail, puis mélangez-le avec la mayonnaise, salez et poivrez. Réservez ces sauces au frais.

5 Faites chauffer une friteuse ou une casserole d'huile. Séchez les légumes dans un torchon, puis faites-les frire quelques minutes dans l'huile très chaude. Égouttez-les sur du papier absorbant et salez-les.

6 Servez les chips de légumes accompagnées des sauces.

SAMOUSSAS de THON AUX épices

POUR 10 SAMOUSSAS ENVIRON

Préparation : 15 min
Cuisson : 15 min

- *5 feuilles de brick*
- *1 boîte de thon au naturel de 190 g*
- *2 c. à soupe de crème fraîche*
- *½ c. à café de ras el-hanout (ou de curry)*
- *½ botte de ciboulette ciselée*
- *5 c. à soupe d'huile d'olive*
- *Sel et poivre*

1 Préchauffez le four à 190 °C. Dans un saladier, mélangez le thon égoutté avec la crème fraîche, le ras el-hanout et la ciboulette ciselée. Assaisonnez.

2 Badigeonnez les feuilles de brick avec un peu d'huile d'olive, puis coupez-les en 2. Repliez la partie arrondie d'une demi-feuille de brick de façon à obtenir une sorte de rectangle allongé.

3 Déposez 1 c. à café de farce au bout du rectangle et rabattez le côté pour former un triangle. Rabattez le triangle formé sur le reste de la feuille de brick et renouvelez l'opération jusqu'à la fin du rectangle. Procédez ainsi pour toutes les demi-feuilles de brick.

4 Déposez les samoussas sur une plaque recouverte de papier sulfurisé, arrosez-les avec le reste d'huile d'olive et enfournez pour 15 min, jusqu'à ce qu'ils soient bien dorés.

Astuce : pour apporter une touche d'originalité aux samoussas, vous pouvez déposer un brin de ciboulette entier dans la longueur de la feuille de brick avant de la plier. Après cuisson, il se verra en transparence.

LA PLANCHE de mezze

Houmous

☞ VOIR RECETTES P. 37

Falafels au FOUR

POUR 4 PERSONNES

Préparation : 15 min
Cuisson : 10 min

- *250 g de pois chiches*
- *1 oignon pelé*
- *½ botte de persil*
- *½ botte de coriandre*
- *1,5 c. à café de cumin*
- *2 c. à soupe de farine*
- *1 c. à café de sel*
- *Huile d'olive*

1 Préchauffez le four à 180 °C. Mixez les pois chiches avec l'oignon. Ajoutez le persil, la coriandre, le cumin, la farine et le sel, puis mixez de nouveau jusqu'à obtenir un mélange homogène.

2 Versez la préparation dans un torchon propre et essorez pour retirer un maximum de jus. Reversez dans le mixeur et mixez finement.

3 Formez 20 boulettes bien tassées entre vos mains et déposez-les sur une plaque recouverte de papier sulfurisé. Huilez-les légèrement à l'aide d'un pinceau. Enfournez pour 10 min.

Verrines de TABOULÉ

POUR 4 PERSONNES

Préparation : 20 min
Trempage : 15 min

- *120 g de boulgour*
- *2 bottes de persil ciselées*
- *1 botte de menthe ciselée*
- *1 botte d'oignons nouveaux hachés*
- *4 tomates fermes en petits dés*
- *Le jus de 1 citron*
- *3 c. à soupe d'huile d'olive*
- *Sel*

1 Faites tremper le boulgour 15 min dans un bol d'eau.

2 Dans un saladier, mélangez les herbes avec les oignons nouveaux et les tomates. Égouttez le boulgour et ajoutez-le dans le saladier. Arrosez du jus de citron et d'huile, salez, puis mélangez. Réservez au frais.

BABA ganoush

☞ VOIR RECETTE P. 41

Astuce : servez avec des poivrons farcis et des pains pita !

TRIO de bruschettas

POUR 4 PERSONNES

Préparation : 25 min
Cuisson : 15 min

- *24 tranches de pain de campagne*
- *3 gousses d'ail coupées en 2*
- *Quelques brins de basilic*
- *Huile d'olive*
- *Sel et poivre*

Pour la version tomates-mozza :

- *3 tomates*
- *1 boule de mozzarella*

Pour la version jambon cru, épinards et ricotta :

- *4 tranches de jambon cru*
- *250 g de ricotta*
- *Quelques pousses d'épinards*

Pour la version crème de chorizo et tomates :

- *½ chorizo*
- *150 g de fromage frais*
- *16 tomates cerises coupées en 2*

1 Préchauffez le four à 180 °C. Faites griller les tranches de pain, puis frottez-les avec les gousses d'ail et arrosez-les d'un filet d'huile d'olive.

2 Préparez les bruschettas tomates-mozza. Coupez les tomates et la mozzarella en tranches. Déposez-les sur 8 tranches de pain. Salez, poivrez et parsemez de basilic effeuillé.

3 Préparez les bruschettas jambon cru, épinards et ricotta. Tartinez 8 tranches de pain de ricotta, arrosez-les d'un filet d'huile d'olive, salez et poivrez. Parsemez d'épinards et de basilic ciselé, puis ajoutez ½ tranche de jambon cru sur chaque.

4 Préparez les bruschettas crème de chorizo et tomates. Émincez le chorizo, puis mixez-le finement avec le fromage frais et 1 c. à soupe d'huile d'olive. Tartinez 8 tranches de pain de crème au chorizo, déposez 4 demi-tomates sur chaque, salez et poivrez. Parsemez de basilic effeuillé.

5 Enfournez les bruschettas pour 15 min. Dégustez aussitôt.

Mini-poivrons au CHÈVRE et OLIVES

POUR 4 PERSONNES
Préparation : 40 min
Cuisson : 20 min

- *12 mini-poivrons*
- *60 g d'olives noires dénoyautées*
- *10 feuilles de basilic*
- *200 g de chèvre frais*
- *5 cl d'huile d'olive*
- *Sel et poivre*

1 Préchauffez le four à 200 °C. Enveloppez les mini-poivrons d'aluminium et enfournez-les pour 20 min. Laissez-les refroidir. Retirez la peau et les pépins, puis rincez-les sous l'eau froide et égouttez-les.

2 Hachez les olives et le basilic. Mélangez-les dans un saladier avec le chèvre frais, salez et poivrez.

3 Ouvrez les mini-poivrons et garnissez-les de préparation au chèvre, puis disposez-les dans un plat. Arrosez-les d'huile d'olive et réservez au frais jusqu'au moment de servir.

BANDERILLAS d'olives et poivrons

POUR 4 PERSONNES
Préparation : 30 min
Cuisson : 30 min
Réfrigération : 3 h

- *2 poivrons rouges*
- *50 g d'olives vertes dénoyautées*
- *50 g d'olives noires dénoyautées*
- *5 cl d'huile d'olive*
- *1 c. à café de pimentón (paprika doux espagnol)*
- *2 gousses d'ail hachées*
- *Sel*

1 Préchauffez le four à 200 °C. Enveloppez les poivrons d'aluminium et enfournez-les pour 30 min. Laissez-les refroidir. Retirez la peau et les pépins, puis rincez-les sous l'eau froide et égouttez-les. Taillez-les en lanières de 1 cm environ.

2 Dans un bol, mélangez l'huile d'olive avec le pimentón, l'ail et un peu de sel.

3 Montez les brochettes en intercalant des lanières de poivrons enroulées et des olives. Déposez les banderillas dans un petit plat, versez la marinade, couvrez de film alimentaire et laissez mariner au moins 3 h au frais. Servez bien frais.

Mini-croissants au **SAUMON** et fromage de **brebis**

POUR 4 PERSONNES

Préparation : 30 min
Cuisson : 20-25 min

- *250 g de pâte feuilletée*
- *2 tranches de saumon fumé en triangles*
- *60 g de fromage frais de brebis*
- *1 cive ou le vert de 1 oignon nouveau finement haché*
- *1 jaune d'œuf*
- *Quelques pincées d'anis vert (facultatif)*
- *Sel et poivre*

1 Mélangez le fromage de brebis, la cive et 2 c. à café de jaune d'œuf. Salez très légèrement et poivrez généreusement.

2 Étalez la pâte feuilletée de manière à obtenir un rectangle de 18 cm de largeur et le plus long possible. Coupez ensuite de longs triangles de 18 cm de hauteur et d'environ 6 cm de base.

3 Étalez du saumon sur chaque triangle et déposez, sur la partie la plus large de la pâte, ½ c. à café de fromage en quenelle. Roulez les triangles de pâte en partant de la base et en terminant par la pointe. Déposez-les sur une plaque recouverte de papier sulfurisé et badigeonnez-les au pinceau avec le reste de jaune d'œuf mélangé à une pointe d'eau. Saupoudrez de graines d'anis.

4 Enfournez pour 20 à 25 min. Sortez les croissants du four et laissez-les tiédir ou refroidir sur du papier absorbant.

LA PLANCHE basque

FEUILLETÉS au **thon, fromage** et **piment**

POUR 4 PERSONNES

Préparation : 10 min
Cuisson : 15 min
Réfrigération : 30 min

- *1 pâte feuilletée*
- *200 g de thon au naturel*
- *100 g d'emmental râpé*
- *40 g de parmesan râpé*
- *4 pincées de piment d'Espelette*
- *Quelques brins de ciboulette ciselés*
- *2 œufs*
- *Sel*

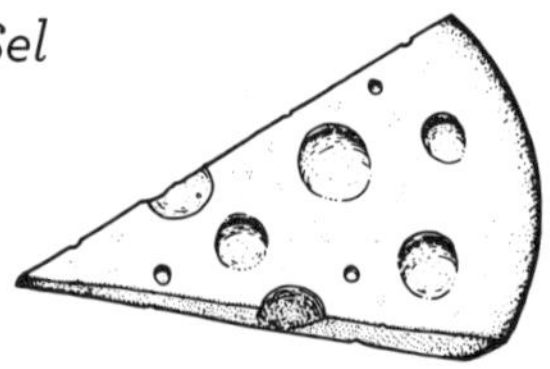

1 Dans un saladier, mélangez l'emmental, le parmesan, et le thon émietté. Ajoutez la ciboulette, le piment et du sel. Incorporez les œufs battus et mélangez.

2 Répartissez la préparation sur la pâte feuilletée, puis roulez-la sur elle-même pour former un boudin. Enveloppez-le de papier sulfurisé et réservez 30 min au frais.

3 Préchauffez le four à 180 °C. Coupez le rouleau de pâte en 20 tranches de 1 cm de long. Placez-les sur une plaque recouverte de papier sulfurisé. Enfournez pour 15 min.

TAPENADE d'olives noires

☞ VOIR RECETTE P. 47

Rondelles de CHORIZO au CIDRE

POUR 4 PERSONNES

Préparation : 15 min
Cuisson : 5 min

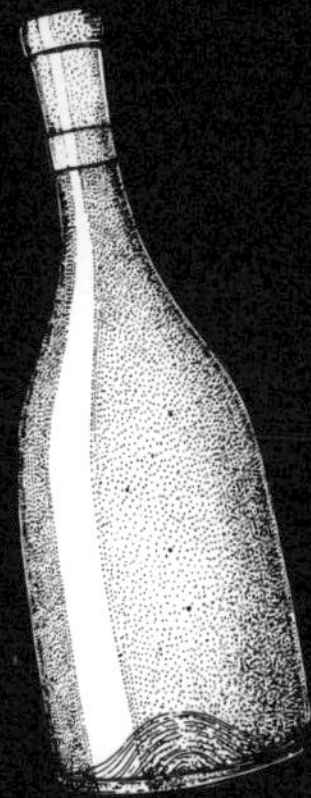

- *1 chorizo doux*
- *1 petit verre à liqueur de cidre*

1 Retirez la peau du chorizo et coupez-le en rondelles. Faites-les revenir dans une poêle à feu vif, puis versez le cidre et laissez cuire quelques minutes.

2 Présentez avec des piques en bois.

Piques de CANARD aux CERISES

POUR 4 PERSONNES

Préparation : 10 min
Cuisson : 3 min

- *1 magret de canard*
- *16 cerises griottes en bocal*
- *1 c. à soupe de vinaigre de framboise*
- *Cannelle*
- *Gingembre*
- *Sel et poivre*

1 Retirez le gras du magret de canard et réservez-en la moitié. Coupez le magret en 16 tranches, salez et poivrez.

2 Séchez les cerises dans du papier absorbant. Enroulez les tranches de magret autour des cerises et maintenez avec des piques en bois.

3 Faites fondre le gras de magret réservé dans une poêle et saisissez-y les brochettes 2 min à feu vif en les retournant. Versez le vinaigre, remuez et saupoudrez de cannelle et de gingembre. Laissez mijoter 1 min.

Sucettes de CONCOMBRE FARCI à la feta et citron

POUR 4-6 PERSONNES

Préparation : 20 min

- *1 concombre*
- *150 g de feta*
- *1 citron non traité*
- *3 c. à soupe de crème liquide entière*

1 Prélevez le zeste du citron avec une râpe. Mélangez-le avec la feta et la crème. Garnissez une poche à douille de ce mélange.

2 Lavez le concombre et retirez les extrémités. Coupez-le en 2, puis videz l'intérieur de chaque moitié à l'aide d'un vide-pomme.

3 Garnissez-les de feta au citron, puis coupez-les en tranches d'environ 1,5 cm d'épaisseur. Plantez une pique en bois dans chaque sucette et dégustez frais.

Variante : vous pouvez remplacer la feta par du fromage frais et ajouter des herbes fraîches pour encore plus de goût.

Sablés au PARMESAN

POUR 6 PERSONNES

Préparation : 15 min
Cuisson : 10-15 min
Réfrigération : 1 h

- *100 g de parmesan râpé*
- *150 g de farine*
- *2 brins de romarin frais*
- *160 g de beurre*

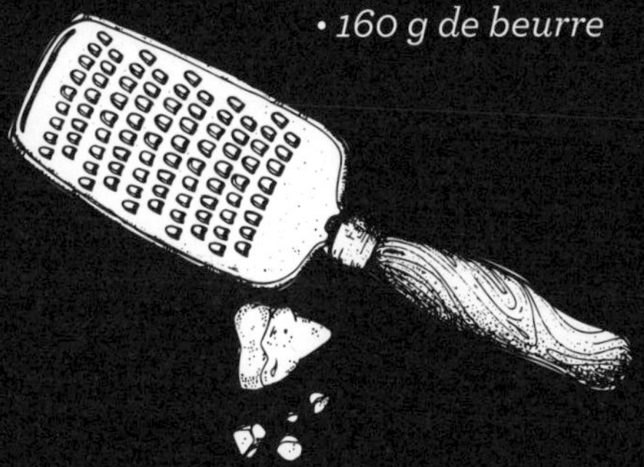

1 Dans le bol d'un robot, mélangez la farine, le parmesan, le romarin haché et le beurre en morceaux jusqu'à former une pâte. Ajoutez un peu d'eau si besoin. Recouvrez la pâte de film alimentaire et réservez 1 h au réfrigérateur.

2 Préchauffez le four à 180 °C. Étalez la pâte sur 3 à 5 mm d'épaisseur et découpez des petits sablés avec un verre ou un emporte-pièce.

3 Déposez-les sur une plaque et enfournez pour 10 à 15 min, jusqu'à ce que les sablés commencent à dorer sur les bords. Laissez refroidir.

GRESSINS au fromage

POUR 6 PERSONNES

Préparation : 10 min
Cuisson : 15 min

- *1 pâte feuilletée*
- *115 g de fromage râpé*
- *1 jaune d'œuf*
- *Sel et poivre*

1 Préchauffez le four à 180 °C. Déroulez la pâte sur une plaque et dorez-la avec le jaune d'œuf battu.

2 Saupoudrez de la moitié du fromage et assaisonnez.

3 Coupez la pâte en deux dans la longueur, puis en bandes de 3 cm de largeur. Torsadez chaque bande et saupoudrez du reste de fromage.

4 Enfournez pour 15 min, jusqu'à ce que les gressins soient dorés.

CREVETTES à L'AIL et poivronnade

POUR 4 PERSONNES

Préparation : 30 min
Cuisson : 25 min
Réfrigération : 4 h

- *400 g de crevettes roses décortiquées*
- *5 gousses d'ail émincées*
- *1 poivron jaune en lanières*
- *1 poivron rouge en lanières*
- *10 cl d'huile d'olive*
- *1 c. à café de piment en poudre*
- *Sel et poivre*

1 Faites chauffer la moitié de l'huile d'olive dans une casserole large et faites-y revenir les poivrons. Ajoutez l'ail, salez, poivrez et laissez cuire 20 min à feu moyen en remuant régulièrement.

2 Dans une autre poêle, saisissez les crevettes 2 min à feu vif. Transférez-les dans la poêle avec les poivrons. Ajoutez le piment et le reste de l'huile d'olive. Laissez cuire 2 ou 3 min de plus en mélangeant.

3 Versez le tout dans un saladier et laissez refroidir. Couvrez avec un film alimentaire, puis placez 4 h au frais.

4 Servez dans des petits ramequins individuels.

Astuce : n'hésitez pas à utiliser de grosses gambas coupées en morceaux, elles seront beaucoup plus parfumées que les crevettes.

KEFTAS à la coriandre

POUR 4 PERSONNES

Préparation : 10 min
Cuisson : 10 min

- *400 g de bœuf haché*
- *1 bouquet de coriandre*
- *1 oignon pelé*
- *1 gousse d'ail pelée*
- *1 c. à café de cumin*
- *Sel et poivre*

1 Mixez l'oignon et la gousse d'ail avec la coriandre, puis mélangez avec le bœuf et le cumin. Salez et poivrez. Formez des boulettes avec la préparation.

2 Formez les brochettes en piquant les boulettes côte à côte.

3 Faites-les cuire 8 à 10 min au barbecue ou à la plancha.

Roulés de lard fumé aux PRUNEAUX et CHÈVRE CENDRÉ

POUR 4 PERSONNES

Préparation : 10 min
Cuisson : 5 min

- *8 tranches fines de lard fumé*
- *16 pruneaux*
- *150 g de chèvre cendré*
- *5 brins de persil hachés*
- *Poivre*

1 Coupez le chèvre en dés. Enroulez chaque pruneau dans une demi-tranche de lard et poêlez-les 5 min.

2 Formez les brochettes en alternant 2 dés de chèvre et 1 pruneau lardé. Saupoudrez de persil et poivrez.

À tartiner

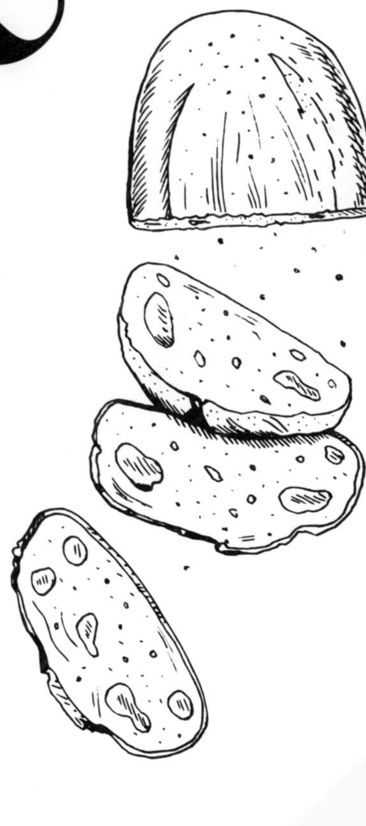

L'houmous, LE ROI DE L'APÉRO !

HOUMOUS classique

POUR 4 PERSONNES

Préparation : 10 min

- *300 g de pois chiches cuits*
- *2 à 3 c. à soupe de tahin*
- *1 gousse d'ail pelée*
- *Le jus de 1 citron*
- *1 c. à café de cumin*
- *Huile d'olive*
- *Sel et poivre*

1 Mixez les pois chiches avec un peu d'eau. Ajoutez le tahin, l'ail, le jus du citron et le cumin. Assaisonnez.

2 Mixez en versant progressivement de l'huile, jusqu'à obtenir un mélange homogène et crémeux.

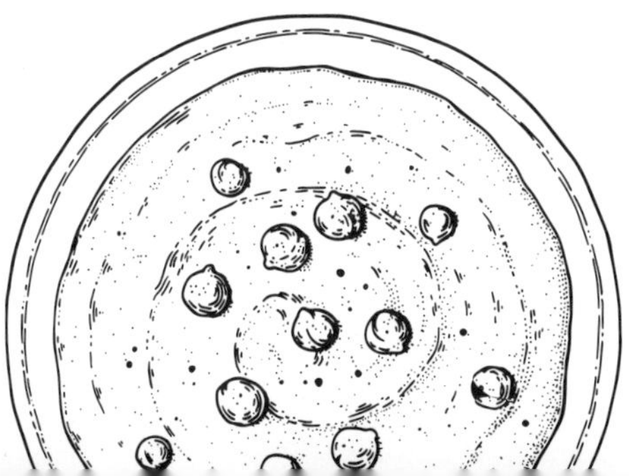

Houmous d'artichauts

POUR 4-6 PERSONNES

Préparation : 10 min

- *300 g d'artichauts marinés*
- *400 g de pois chiches cuits*
- *1 c. à soupe de tahin*
- *1 gousse d'ail pelée*
- *1 citron non traité*
- *1 c. à soupe de graines de sésame*
- *Huile d'olive*
- *Sel et poivre*

1 Placez les artichauts dans le bol d'un robot avec les pois chiches, le tahin, l'ail, le zeste et le jus du citron. Assaisonnez et mixez en versant un peu d'huile jusqu'à obtenir un mélange lisse et homogène.

2 Garnissez de graines de sésame et servez.

HOUMOUS de betterave

POUR 4-6 PERSONNES

Préparation : 10 min

- *1 grosse betterave cuite en morceaux*
- *400 g de pois chiches cuits*
- *4 c. à soupe de tahin*
- *Le jus de ½ citron*
- *100 g de ricotta*
- *1 gousse d'ail pelée*
- *2 pincées de cumin*
- *Sel et poivre*

1 Dans le bol d'un robot, déposez les pois chiches, le tahin, le jus du citron, la ricotta, l'ail et 1 pincée de cumin. Assaisonnez, puis mixez.

2 Ajoutez la betterave et mixez jusqu'à obtenir un mélange homogène. Saupoudrez d'un peu de cumin.

FETA aux tomates confites

POUR 4 PERSONNES

Préparation : 5 min
Cuisson : 25 min

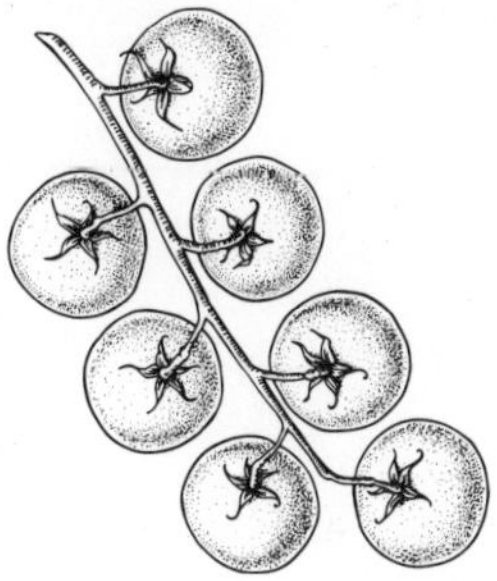

- *250 g de feta*
- *500 g de tomates cerises*
- *½ bouquet de basilic*
- *Huile d'olive*
- *Poivre*

1 Préchauffez le four à 180 °C. Dans un plat, déposez la feta et les tomates, arrosez d'huile d'olive et poivrez.

2 Enfournez pour 25 min, jusqu'à ce que la feta soit dorée.

3 Servez avec le basilic effeuillé.

Baked RICOTTA

POUR 4 PERSONNES

Préparation : 15 min
Cuisson : 15-20 min

- *250 g de ricotta*
- *3 petits piments séchés*
- *1 c. à soupe d'origan séché*
- *Huile d'olive*
- *Sel et poivre*

1 Préchauffez le four à 220 °C. Déposez la ricotta dans un petit plat. Parsemez de piments séchés émiettés et d'origan. Arrosez généreusement d'huile d'olive et assaisonnez.

2 Enfournez pour 15 à 20 min, jusqu'à ce que la ricotta soit légèrement dorée et ferme.

Variante : vous pouvez remplacer les piments séchés par 1 c. à café de flocons de piment ou par du piment d'Espelette.

TZATZIKI à la grenade

POUR 4-6 PERSONNES

Préparation : 15 min
Repos : 15 min

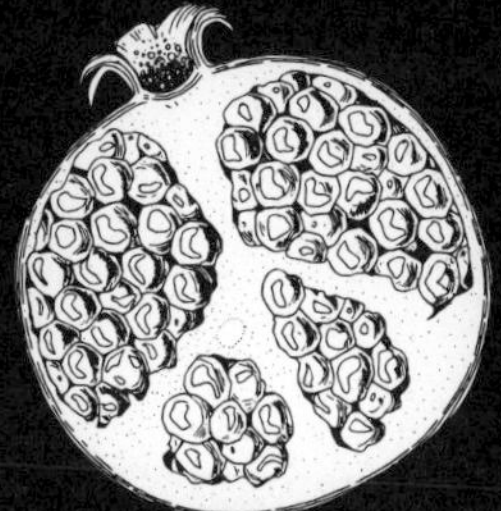

- *2 yaourts grecs*
- *2 concombres*
- *1 petite grenade*
- *1 gousse d'ail hachée*
- *½ bouquet de menthe ciselé*
- *½ bouquet de coriandre ciselé*
- *4 c. à soupe d'huile d'olive*
- *Sel*

1 Épluchez les concombres une bande sur 2, puis râpez-les. Faites-les dégorger 15 min dans une passoire en les saupoudrant de sel ou pressez-les dans un torchon propre.

2 Dans un bol, mélangez les concombres râpés et les graines de grenade (réservez-en quelques-unes) avec l'ail, la menthe et la coriandre. Incorporez les yaourts et l'huile, puis assaisonnez et réservez au frais.

3 Servez très frais, garni de graines de grenade.

BABA GANOUSH

POUR 4 PERSONNES

Préparation : 10 min
Cuisson : 25 min

- *1 grosse aubergine*
- *Le jus de 1 citron*
- *1 gousse d'ail hachée*
- *3 c. à soupe de tahin*
- *1 c. à soupe de graines de sésame*
- *Quelques graines de grenade*
- *Huile d'olive*
- *Sel et poivre*

1 Préchauffez le four à 190 °C. Coupez l'aubergine en 2 et déposez-la sur une plaque recouverte de papier sulfurisé, face coupée en bas. Enfournez pour 25 min, jusqu'à ce qu'elle soit molle.

2 Sortez l'aubergine du four et prélevez sa chair. Réduisez-la en purée au robot ou à la fourchette. Ajoutez le jus du citron, l'ail et le tahin. Mélangez, assaisonnez et arrosez d'un filet d'huile. Rectifiez l'assaisonnement si nécessaire.

3 Parsemez de graines de sésame et de grenade avant de servir.

Guacamole
et ses TORTILLAS PIMENTÉES

POUR 8 PERSONNES

Préparation : 25 min
Cuisson : 10 min

Pour le guacamole :

- *3 avocats mûrs à point*
- *2 citrons verts*
- *2 c. à soupe d'huile d'olive*
- *2 petites tomates en petits dés*
- *2 oignons nouveaux émincés*
- *1 gousse d'ail écrasée*
- *1 c. à café rase de piment oiseau*
- *½ bouquet de coriandre hachée*
- *Sel et poivre*

Pour les tortillas pimentées :

- *10 tortillas de maïs*
- *1 c. à café de paprika*
- *1 pincée de piment en poudre*
- *6 c. à soupe d'huile d'olive*
- *Sel*

1 Préparez les tortillas. Préchauffez le four à 180 °C. Mélangez le paprika et le piment avec l'huile d'olive. Coupez les tortillas en 4 grands triangles et badigeonnez-les du mélange huile-épices. Salez et enfournez pour 10 min. Les tortillas doivent être légèrement dorées et croustillantes en refroidissant.

2 Pendant ce temps, préparez le guacamole. Coupez les avocats en 2, retirez le noyau et coupez la chair en gros dés. Écrasez grossièrement à la fourchette, arrosez du jus des citrons verts et versez l'huile d'olive. Salez et mélangez, puis ajoutez les tomates, les oignons, l'ail, le piment oiseau et la coriandre. Mélangez bien, rectifiez l'assaisonnement si besoin.

3 Servez bien frais avec les tortillas pimentées.

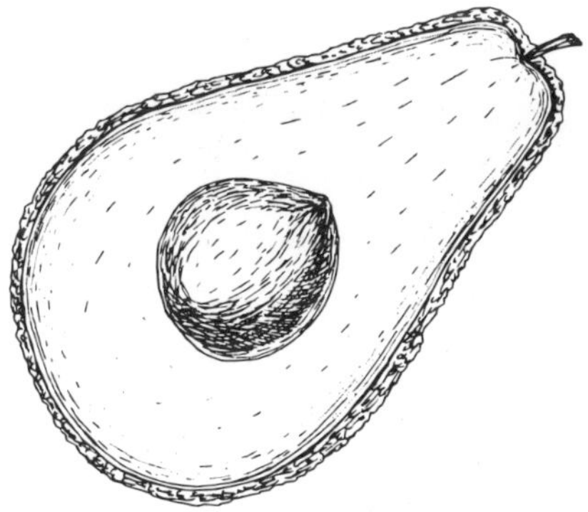

Spécial **RILLETTES !**

RILLETTES de **thon**

POUR 6 PERSONNES

Préparation : 10 min

- *1 grosse boîte de thon (280 g)*
- *115 g de fromage frais*
- *1 bouquet de ciboulette (ou de basilic)*
- *1 petit citron non traité*
- *Sel et poivre*

1 Égouttez le thon et émiettez-le dans un saladier.

2 À l'aide d'une fourchette, incorporez le fromage frais, la ciboulette ciselée, le zeste et le jus du citron. Assaisonnez.

3 Mettez les rillettes en pot. Couvrez et conservez au frais.

Rillettes de MAQUEREAU

POUR 4 PERSONNES

Préparation : 15 min

- *2 filets de maquereau fumé au poivre*
- *1 c. à soupe de raifort*
- *3 c. à soupe d'herbes ciselées au choix (basilic, persil, ciboulette…)*
- *2 c. à soupe de crème fraîche (ou de cream cheese)*
- *Le jus de 1 petit citron*

1 Ôtez la peau des maquereaux et mixez la chair avec le raifort, les herbes, la crème fraîche et le jus du citron. Poivrez. Vous pouvez également écraser le tout à la fourchette.

2 Mettez les rillettes en pot. Couvrez et conservez au frais.

RILLETTES de **porc** et **pickles** D'OIGNON ROUGE

POUR 1 BOCAL

Préparation : 15 min
Cuisson : 3 h

- *1 kg de viande de porc maigre*
- *1,5 kg de panne de porc*
- *1 c. à café de quatre-épices*
- *1 oignon rouge émincé*
- *12 cl de vinaigre*
- *40 g de sel*
- *1 c. à café de poivre blanc moulu*

1 Coupez le porc maigre et la panne en petits morceaux. Dans une cocotte à fond épais, faites-les cuire 3 h à feu doux et assaisonnez avec le quatre-épices, le sel et le poivre.

2 Faites reposer l'oignon dans un bol avec le vinaigre le temps que la viande cuise.

3 Quand la viande se défait, assaisonnez-la. Effilochez-la sans la hacher et mettez-la en pot. Couvrez et conservez au frais. Servez avec les pickles d'oignon rouge.

TAPENADE noire

POUR 6 PERSONNES
Préparation : 10 min

- *250 g d'olives noires dénoyautées*
- *6 filets d'anchois à l'huile*
- *3 c. à café de câpres*
- *1 gousse d'ail pelée*
- *10 cl d'huile d'olive*

1 Mixez les olives, les anchois égouttés, les câpres et l'ail dans le bol d'un robot.

2 Versez l'huile en continuant de mixer jusqu'à ce que la consistance soit homogène.

Tapenade VERTE

POUR 6 PERSONNES
Préparation : 10 min
Cuisson : 5 min

- *200 g d'olives vertes dénoyautées*
- *2 c. à soupe d'amandes effilées*
- *2 gousses d'ail écrasées*
- *4 c. à soupe d'huile d'olive*
- *Le jus de ½ citron*
- *½ bouquet de basilic*
- *50 g d'amandes en poudre*

1 Torréfiez les amandes effilées 5 min à la poêle en veillant à ce qu'elles ne brûlent pas.

2 Mixez les olives, l'ail, l'huile, le jus du citron et le basilic. Ajoutez les amandes en poudre et mixez de nouveau. Servez parsemé d'amandes torréfiées.

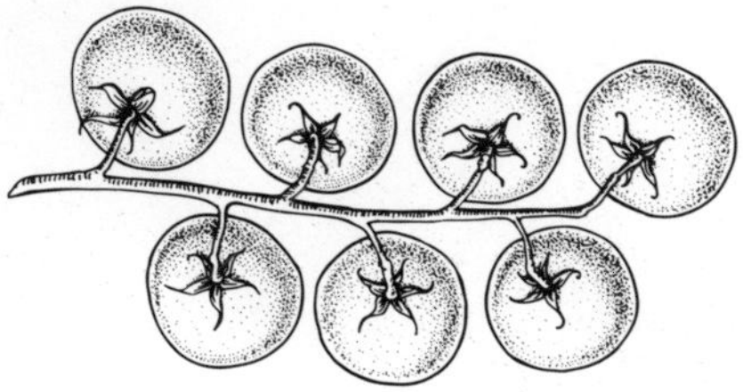

À partager

ROULÉS à la **ricotta, chorizo** et **roquette**

POUR 6 PERSONNES

Préparation : 10 min
Cuisson : 30 min

- *2 pâtes feuilletées*
- *200 g de ricotta*
- *20 tranches de chorizo*
- *Quelques feuilles de roquette*
- *1 filet d'huile d'olive*
- *Sel et poivre*

1 Préchauffez le four à 200 °C. Étalez les pâtes feuilletées. Tartinez-en la surface de ricotta et répartissez les tranches de chorizo. Salez et poivrez. Parsemez de feuilles de roquette, puis enroulez chaque pâte sur elle-même et coupez-les en tronçons de 2 cm environ.

2 Disposez les tronçons dans un moule à tarte tapissé de papier sulfurisé. Arrosez d'huile d'olive et enfournez pour 30 min.

3 Servez avec de la roquette.

Focaccia aux TOMATES CERISES

POUR 6-8 PERSONNES

Préparation : 15 min
Cuisson : 25 min

- *250 g de tomates cerises coupées en 2*
- *600 g de pâte à pain fraîche (chez le boulanger)*
- *5 cl d'huile d'olive + un peu pour la plaque*
- *10 brins de thym, de romarin ou d'origan frais*
- *Un peu de farine*
- *Fleur de sel*

1 Préchauffez le four à 230 °C. Badigeonnez une plaque de four d'huile. Avec les mains farinées, étalez la pâte à pain avec les paumes, jusqu'à ce qu'elle couvre toute la plaque.

2 Mélangez l'huile d'olive avec 2 c. à soupe d'eau, puis versez-la sur la pâte et répartissez avec les doigts, en créant des petits creux où l'huile va se loger. Dispersez les tomates cerises, les brins d'herbes effeuillés et parsemez de fleur de sel. Enfournez pour 25 min, jusqu'à ce que la focaccia soit bien dorée.

Variante : vous pouvez remplacer les tomates cerises par des olives, des légumes confits (artichauts, aubergines, tomates...) ou des anchois.

Buns PIZZA

POUR 4 PERSONNES

Préparation : 15 min
Cuisson : 20 min
Repos : 3 h 50

Pour la pâte à pain :

- *500 g de farine T55*
- *20 g de levure fraîche*
- *10 g de sel fin*

Pour la garniture :

- *4 tranches de jambon aux herbes en morceaux*
- *2 boules de mozzarella di bufala en dés*
- *24 tomates cerises coupées en 4*
- *½ botte de basilic ciselée*
- *Huile d'olive*
- *Sel et poivre du moulin*

1 Préparez le pain. Délayez la levure dans 12,5 cl d'eau et 2 c. à soupe de farine, mélangez et laissez reposer 30 min. Placez le reste de la farine et le sel dans la cuve d'un batteur, puis ajoutez-y la levure en mélangeant. Incorporez petit à petit 12,5 cl d'eau et pétrissez 10 min au crochet. Couvrez d'un torchon et laissez gonfler dans un endroit tiède 3 h, puis rabattez la pâte et détaillez-la en 12 boules.

2 Préchauffez le four à 250 °C. Étalez chaque boule de pâte, puis déposez un mélange de tous les ingrédients de la garniture au centre. Salez, poivrez, arrosez d'un filet d'huile, puis refermez en rabattant les bords vers le centre. Fermez bien.

3 Déposez les boules dans un plat de cuisson huilé sans trop les coller, puis laissez reposer 20 min dans un endroit tiède. Enfournez pour 20 min.

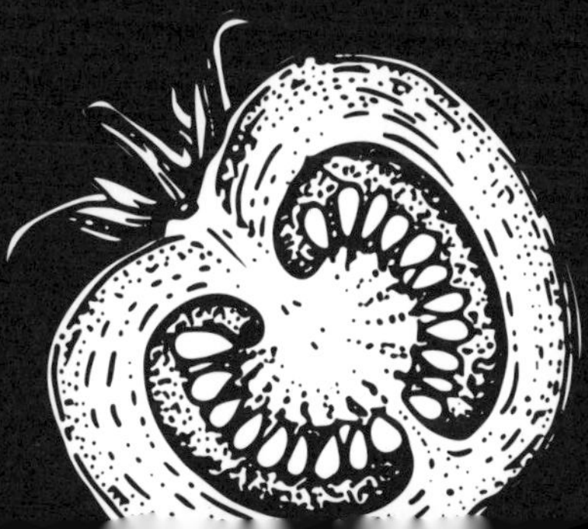

TACOS au bœuf épicé

POUR 4 PERSONNES

Préparation : 10 min
Cuisson : 4 min

- *8 tacos durs*
- *600 g de bœuf haché*
- *2 oignons jaunes émincés*
- *3 tomates en dés*
- *100 g de cheddar râpé*
- *2 c. à café de mélange d'épices mexicaines*
- *Tabasco® rouge ou vert*
- *Huile*

1 Faites revenir dans un peu d'huile le bœuf avec les oignons et les épices 4 min à feu vif. Relevez de Tabasco® selon votre goût.

2 Garnissez les tacos de bœuf aux oignons, de tomates et de fromage. Dégustez aussitôt.

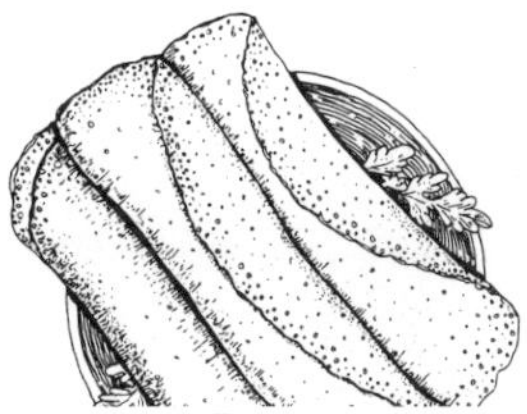

Astuce : si vous ne trouvez pas de tacos durs dans le commerce, préparez-les vous-même. Étalez les tortillas badigeonnées d'huile sur une plaque recouverte de papier sulfurisé. Enfournez 10 min à 180 °C en les retournant à mi-cuisson, puis pliez-les à la sortie du four afin qu'ils prennent une forme incurvée.

Pain hérisson REINE BLANCHE

POUR 4 PERSONNES

Préparation : 15 min
Cuisson : 25 min

- *1 boule de pain de campagne aux noix*
- *3 boules de mozzarella di bufala en fines tranches*
- *4 tranches de jambon aux herbes en lamelles*
- *10 petits champignons de Paris en fines tranches*
- *1 filet d'huile d'olive*
- *Poivre du moulin*

1 Préchauffez le four à 200 °C. Faites revenir les champignons dans l'huile d'olive.

2 Coupez le pain en formant un quadrillage jusqu'à la base. Répartissez tous les ingrédients dans le quadrillage du pain.

3 Poivrez, enveloppez le pain dans du papier d'aluminium et enfournez pour 15 min. Retirez le papier et laissez cuire 5 min supplémentaires. Dégustez aussitôt.

PAIN HÉRISSON à la mozzarella et sauge

POUR 4 PERSONNES

Préparation : 15 min
Cuisson : 20 min

- *1 boule de pain italien*
- *1 boule de scamorza en fines tranches*
- *12 feuilles de sauge ciselées*
- *15 tranches de pancetta*
- *2 c. à soupe d'huile d'olive*
- *Poivre du moulin*

1 Préchauffez le four à 200 °C. Coupez le pain en formant un quadrillage jusqu'à la base.

2 Mélangez la sauge et l'huile, puis répartissez la préparation dans le quadrillage du pain. Ajoutez la scamorza et la pancetta.

3 Poivrez, enveloppez le pain dans du papier d'aluminium et enfournez pour 15 min. Retirez le papier et laissez cuire 5 min supplémentaires. Dégustez aussitôt.

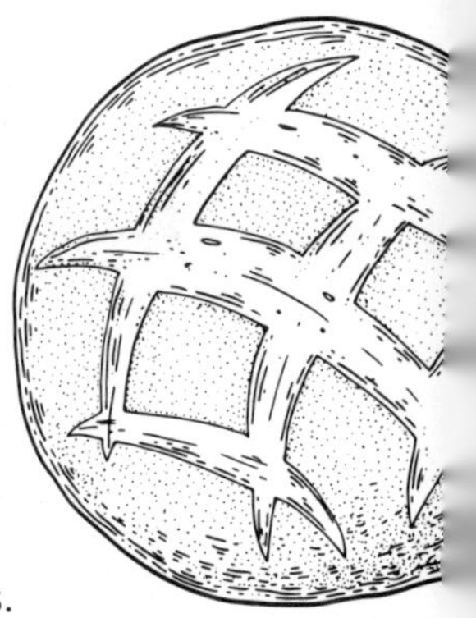

TARTE SOLEIL aux petits pois, menthe et fromage frais

POUR 6 PERSONNES

Préparation : 25 min
Cuisson : 31 min

- *2 pâtes feuilletées*
- *200 g de petits pois écossés*
- *1 c. à soupe d'huile d'olive*
- *4 brins de menthe hachés*
- *150 g de fromage de chèvre frais*
- *Sel et poivre*

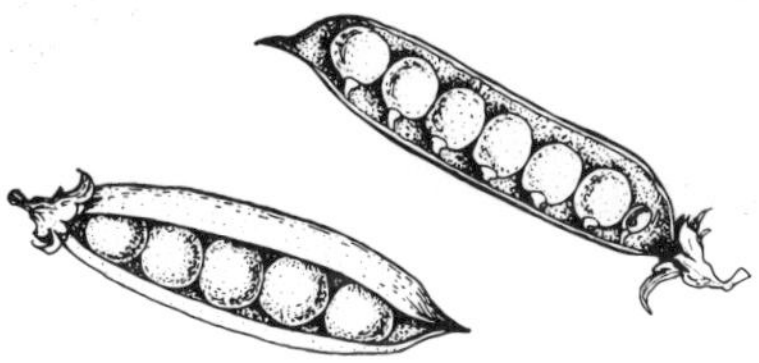

1 Faites cuire les petits pois à la vapeur pendant 6 min. Déposez-les dans le bol d'un mixeur avec l'huile d'olive et mixez. Mélangez la menthe au fromage de chèvre frais avec du sel et du poivre.

2 Préchauffez le four à 190 °C. Sur la première pâte feuilletée, étalez la purée de petits pois froide. Sur la seconde, étalez le fromage de chèvre et retournez cette seconde pâte sur la première en pressant légèrement les bords.

3 Placez un verre à l'envers au centre de la pâte. À l'aide d'un couteau, coupez la pâte et sa garniture du centre vers l'extérieur, d'abord en 4, puis en 8, puis en 16, puis en 32 afin d'obtenir des bandelettes. Torsadez chacune des bandelettes, une à l'endroit, une à l'envers, en appuyant bien sur l'extrémité, puis enfournez pour 25 min.

Baguette magique FORESTIÈRE

POUR 4-6 PERSONNES

Préparation : 10 min
Cuisson : 15 min

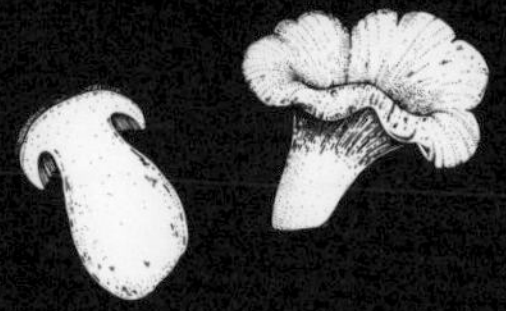

- *1 baguette type tradition*
- *25 g de beurre*
- *25 g de farine*
- *25 cl de lait*
- *1 pincée de noix de muscade*
- *50 g de girolles émincées*
- *50 g de cèpes émincés*
- *2 c. à café d'huile d'olive*
- *100 g d'allumettes de lardons fumés*
- *½ gousse d'ail émincée*
- *2 c. à café de persil haché*
- *100 g de mozzarella râpée*
- *Sel et poivre*

1 Découpez le dessus de la baguette de façon à former une barquette et retirez une partie de la mie.

2 Préparez une béchamel. Faites fondre le beurre dans une casserole, ajoutez la farine et mélangez. Délayez avec le lait et faites épaissir à feu doux. Salez, ajoutez la muscade.

3 Préchauffez le four à 180 °C. Dans une poêle, faites revenir les champignons dans l'huile d'olive. Ajoutez les lardons et faites-les colorer. Poivrez, saupoudrez d'ail et de persil. Versez la béchamel hors du feu dans la poêle et mélangez.

4 Garnissez harmonieusement la baguette de cette préparation et parsemez de mozzarella.

5 Enfournez pour 15 min. La baguette doit être bien dorée. Coupez-la en tranches d'environ 3 cm. Dégustez chaud.

TARTE FLAMBÉE aux **oignons** et **lardons**

POUR 6 PERSONNES

Préparation : 10 min
Cuisson : 20 min

- *1 pâte à pizza*
- *100 g de lardons*
- *2 oignons jaunes émincés*
- *100 g de munster en lamelles*
- *1 jaune d'œuf*
- *3 c. à soupe de crème fraîche*
- *1 pincée de muscade*
- *Sel et poivre*

1 Préchauffez le four à 200 °C. Étalez la pâte sur une plaque recouverte de papier sulfurisé.

2 Faites dorer les lardons à la poêle.

3 Dans un bol, mélangez la crème et le jaune d'œuf. Étalez le contenu du bol sur la pâte à pizza, puis répartissez les lardons et les oignons. Salez et poivrez. Saupoudrez de muscade. Recouvrez de lamelles de fromage et enfournez pour 20 min.

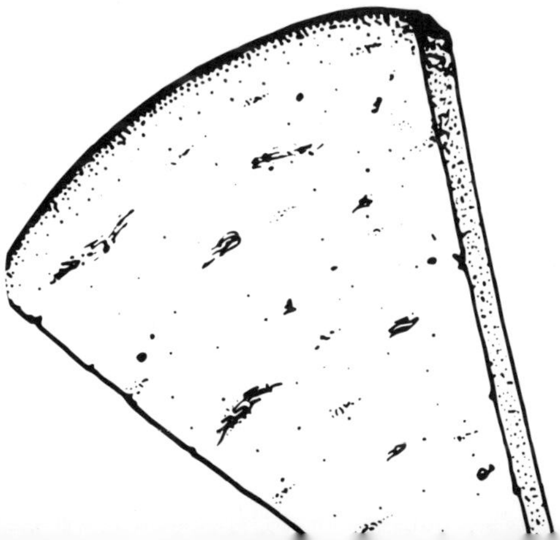

Fajitas au POULET et CRÈME D'AVOCAT

POUR 4 PERSONNES

Préparation : 20 min
Cuisson : 15 min

- *8 petites tortillas de maïs*
- *½ poulet rôti et effiloché*
- *1 avocat bien mûr*
- *2 carottes*
- *½ bouquet de coriandre ciselé*
- *1 yaourt grec*
- *Le jus de ½ citron vert*
- *1 cœur de sucrine émincé*
- *Huile*
- *Sel*

1 Râpez les carottes avec une grosse grille. Mélangez le poulet avec les carottes et la coriandre.

2 Préchauffez le four à 210 °C. Huilez au pinceau ne feuille de papier sulfurisé posée sur la plaque du four. Garnissez les tortillas du mélange au poulet, roulez-les et disposez-les sur la feuille, fermeture vers le bas. Huilez généreusement et enfournez pour 15 min, jusqu'à ce qu'elles soient bien dorées.

3 Mixez l'avocat avec le yaourt et le jus du citron. Salez.

4 Servez les fajitas sur un lit de sucrine, avec la crème d'avocat dans un bol à part.

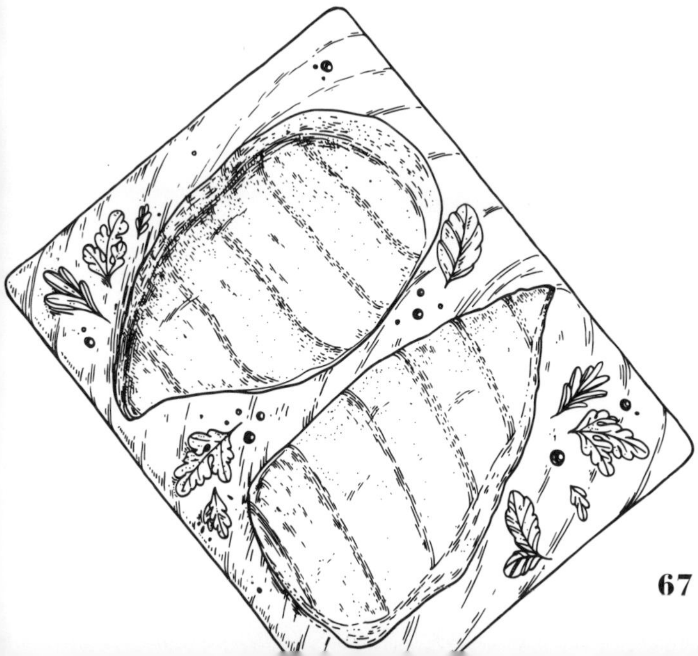

ROULÉ DÉCALÉ au speck, tapenade et mozzarella

POUR 4 PERSONNES

Préparation : 25 min
Cuisson : 20 min
Repos : 3 h 30

Pour la pâte à pain :

- *500 g de farine T55*
- *20 g de levure fraîche*
- *10 g de sel fin*

Pour la garniture :

- *1 pot de tapenade d'olives noires (voir recette p. 47)*
- *2 boules de mozzarella di bufala tranchées*
- *12 fines tranches de speck*
- *12 feuilles de basilic*
- *Sel et poivre du moulin*

1 Préparez le pain. Délayez la levure dans 12,5 cl d'eau tiède et 2 c. à soupe de farine, mélangez et laissez reposer 30 min. Placez le reste de la farine et le sel dans la cuve d'un batteur, puis incorporez-y la levure. Ajoutez petit à petit 12,5 cl d'eau et pétrissez 10 min au crochet. Couvrez d'un torchon et laissez gonfler dans un endroit tiède 3 h, puis rabattez-la et étalez-la en un grand rectangle.

2 Préchauffez le four à 250 °C. Répartissez la tapenade sur la pâte, déposez par-dessus le fromage, le speck, le basilic, salez, poivrez, puis roulez le rectangle en un gros boudin.

3 Tracez des entailles régulièrement sans aller jusqu'au fond, puis prenez 1 morceau de pâte sur 2 et déplacez-le en symétrie pour que chaque morceau soit en quinconce. Enfournez pour 20 min.

OPINEL

CAKES en folie !

Cake aux POIVRONS et MIMOLETTE

POUR 6 PERSONNES

Préparation : 10 min
Cuisson : 55 min

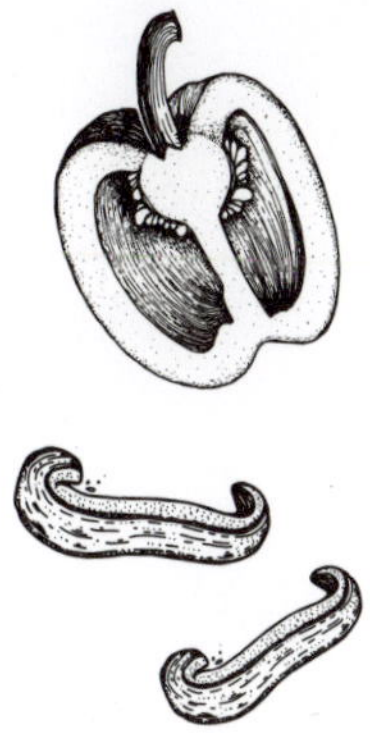

- *2 poivrons (1 rouge et 1 vert) en lanières*
- *120 g de mimolette*
- *3 œufs*
- *3 c. à soupe d'huile d'olive + pour la poêle*
- *2 c. à soupe de lait*
- *200 g de farine + pour le moule*
- *⅔ de sachet de levure chimique*
- *⅓ de botte de thym frais*
- *Beurre pour le moule*
- *Sel et poivre*

1 Préchauffez le four à 180 °C. Beurrez et farinez un moule à cake. Dans un grand saladier, mélangez les œufs avec l'huile, le lait, la farine, la levure et 2 pincées de sel et de poivre.

2 Coupez la mimolette en fines lamelles. Faites revenir les poivrons 15 min dans une poêle avec un filet d'huile.

3 Ajoutez la mimolette, les poivrons et le thym effeuillé et haché au mélange précédent. Versez la préparation dans le moule et enfournez pour 40 min.

CAKE au poulet, curry et coriandre

POUR 6 PERSONNES

Préparation : 10 min
Cuisson : 55 min

- *1 blanc de poulet*
- *1 c. à soupe de curry*
- *½ botte de coriandre ciselée*
- *3 œufs*
- *180 g de farine + pour le moule*
- *1 sachet de levure chimique*
- *10 cl de lait de coco*
- *Beurre pour le moule*
- *Huile de tournesol*

1 Préchauffez le four à 180 °C. Beurrez et farinez un moule à cake. Dans un grand saladier, mélangez les œufs avec la farine et la levure.

2 Coupez le poulet en lamelles. Faites-les revenir dans une poêle avec un filet d'huile, puis ajoutez le lait de coco et le curry. Incorporez le tout au mélange précédent avec la coriandre. Versez la préparation dans le moule et enfournez pour 40 min.

Soleil au MIEL et VACHERIN

POUR 4 PERSONNES

Préparation : 25 min
Cuisson : 20-30 min
Repos : 3 h 50

Pour la pâte à pain :

- *500 g de farine T55*
- *20 g de levure fraîche*
- *10 g de sel fin*

Pour la garniture :

- *1 vacherin*
- *3 c. à soupe de miel de romarin*
- *Sel et poivre du moulin*

1 Préparez le pain. Délayez la levure dans 12,5 cl d'eau tiède et 2 c. à soupe de farine, mélangez et laissez reposer 30 min. Placez le reste de la farine et le sel dans la cuve d'un batteur, puis ajoutez-y la levure en mélangeant. Incorporez petit à petit 12,5 cl d'eau et pétrissez 10 min au crochet. Couvrez d'un torchon et laissez gonfler dans un endroit tiède 3 h, puis rabattez-la et détaillez-la en 20 boules.

2 Déposez le vacherin sur une plaque recouverte de papier sulfurisé. Placez les boules de pâte autour en 2 rangées. Laissez reposer 20 min dans un endroit tiède.

3 Préchauffez le four à 250 °C. Tracez des croisillons sur le fromage, arrosez de miel, salez et poivrez. Enfournez pour 20 à 30 min.

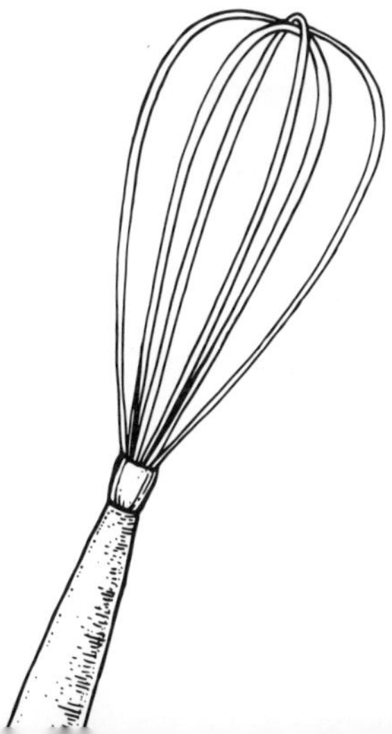

TARTE COURONNE à la crème, truite fumée et CITRON

POUR 6 PERSONNES

Préparation : 20 min
Cuisson : 20 min

- *1 pâte feuilletée*
- *4 c. à soupe de crème fraîche*
- *4 tranches de truite fumée en morceaux*
- *½ citron non traité*
- *10 brins de ciboulette ciselés*
- *Sel et poivre*

1 Préchauffez le four à 190 °C. Prélevez le zeste du citron. Salez légèrement la crème fraîche et mélangez-la avec les brins de ciboulette et le zeste de citron.

2 Déroulez la pâte feuilletée. À l'aide d'un saladier retourné ou d'un emporte-pièce d'environ 15 cm e diamètre, marquez le centre de la pâte en l'enfonçant légèrement, sans la couper. Retirez le saladier, puis faites 8 entailles dans le cercle, en partant du centre jusqu'au bord du cercle empreint, de façon à former 8 triangles.

3 Garnissez le pourtour de la pâte avec la crème fraîche et la truite fumée en laissant un bord de pâte de 1 cm tout autour. Salez légèrement et poivrez. Badigeonnez le centre de la pâte d'un peu d'eau, puis repliez les triangles vers l'extérieur en collant les pointes sur la pâte. Enfournez pour 20 min. Servez avec quelques traits de jus de citron.

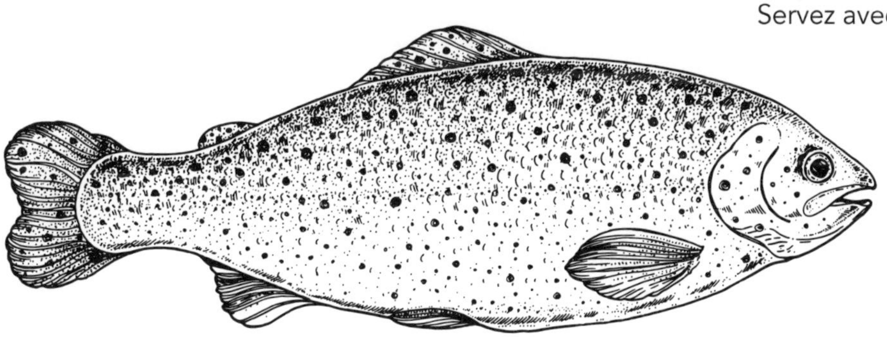

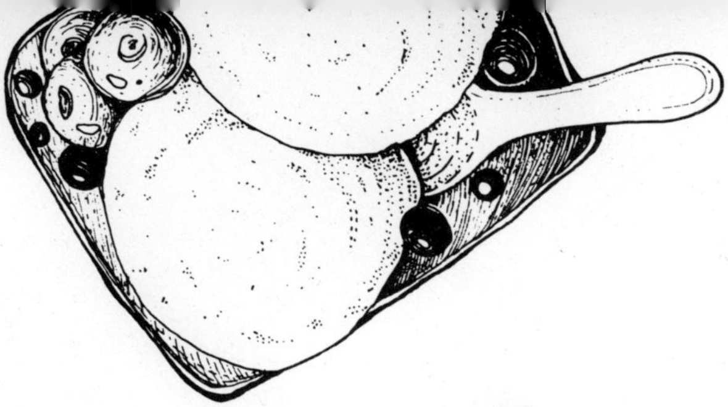

Côté sucré

Brownie à PARTAGER

POUR 8 PERSONNES

Préparation : 10 min
Cuisson : 25 min

- *150 g de chocolat noir en morceaux*
- *90 g de beurre + pour le moule*
- *130 g de sucre blond*
- *80 g de farine*
- *2 œufs*
- *50 g de noix de pécan*

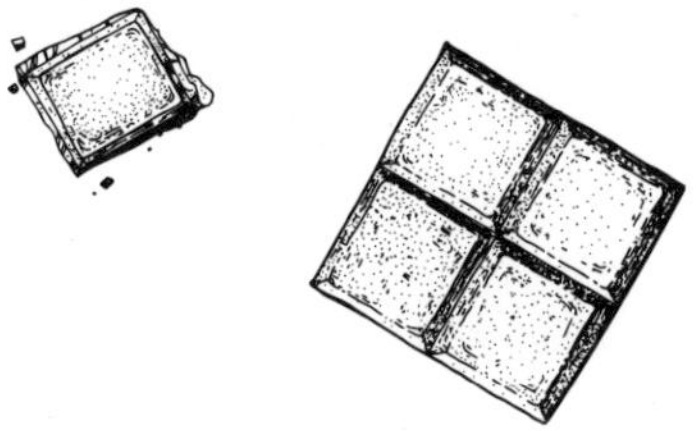

1 Préchauffez le four à 180 °C. Beurrez un moule à gratin (ou un moule à brownie) et tapissez-le de papier sulfurisé.

2 Dans une casserole suffisamment grande, faites fondre le beurre et le chocolat à feu doux. Ajoutez le sucre et la farine, mélangez, puis incorporez les œufs.

3 Versez la préparation dans le moule, répartissez les noix de pécan sur le dessus et enfournez pour 15 min si vous aimez le brownie très fondant (un peu plus si vous le voulez un peu plus cuit).

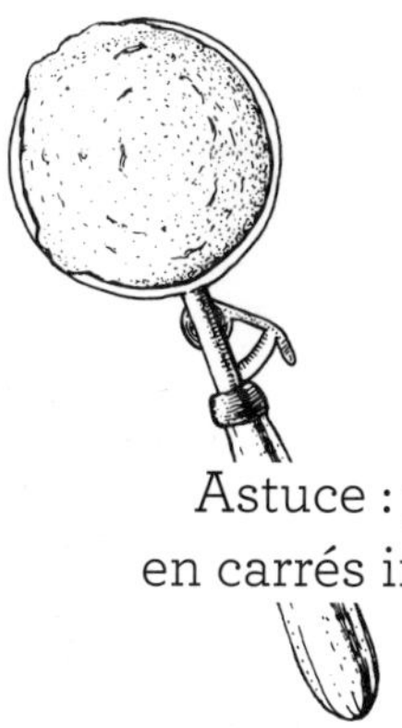

Astuce : pour un rendu très gourmand, vous pouvez découper le brownie en carrés individuels et déposer une petite boule de glace vanille sur chacun.

TARTE SOLEIL à la **framboise** et **mascarpone**

POUR 6 PERSONNES

Préparation : 20 min
Cuisson : 25 min

- *2 pâtes feuilletées*
- *100 g de mascarpone*
- *4 c. à soupe de confiture de framboises*
- *3 c. à soupe de brisures de framboises surgelées*

1 Préchauffez le four à 190 °C. Déroulez les pâtes feuilletées. Garnissez la première de mascarpone et de confiture de framboises. Parsemez de brisures de framboises. Recouvrez avec la seconde pâte en pressant légèrement les bords.

2 Placez un verre à l'envers au centre de la pâte. Coupez la pâte et sa garniture du centre vers l'extérieur, d'abord en 4, puis en 8, puis en 16, puis en 32 afin d'obtenir des bandelettes. Torsadez chacune des bandelettes, puis enfournez 25 min.

Variante : vous pouvez utiliser la confiture et les fruits de votre choix (fraises, myrtilles...).

FRUITS PUNCHÉS au mojito

POUR 4 PERSONNES

Préparation : 10 min
Infusion : 30 min
Repos : 2 h

- *600 g de fruits rouges*

Pour le sirop :

- *150 g de sucre*
- *3 cm de gingembre en lamelles*
- *1 bâton de citronnelle émincée*
- *2 citrons verts non traités*
- *10 cl de rhum ambré*
- *5 brins de menthe*

1 Dans une casserole, mélangez le sucre, 40 cl d'eau, le gingembre, la citronnelle et le zeste et le jus des citrons. Portez à ébullition.

2 Hors du feu, ajoutez le rhum et les feuilles de menthe. Laissez infuser 30 min à couvert.

3 Filtrez et laissez refroidir avant d'ajouter les fruits. Réservez au moins 2 h au frais.

Brochettes de mangue et ANANAS RÔTIS à la NOIX de COCO

POUR 4 PERSONNES

Préparation : 10 min
Cuisson : 4 min

- *1 ananas en dés*
- *2 mangue en gros dés*
- *100 g de noix de coco râpée*
- *50 g de sucre*
- *50 g de beurre*

1 Formez les brochettes en alternant la mangue et l'ananas.

2 Dans une poêle, faites caraméliser le sucre, puis ajoutez le beurre. Faites cuire les brochettes 3 ou 4 min dans le caramel. En fin de cuisson, saupoudrez de noix de coco râpée et servez aussitôt.

Tarte couronne à la PÂTE À TARTINER, CHOCOLAT et NOISETTES

POUR 6 PERSONNES

Préparation : 10 min
Cuisson : 15 min

- *1 pâte sablée*
- *1 poignée de noisettes*
- *50 g de chocolat noir*
- *4 c. à soupe bombées de pâte à tartiner*

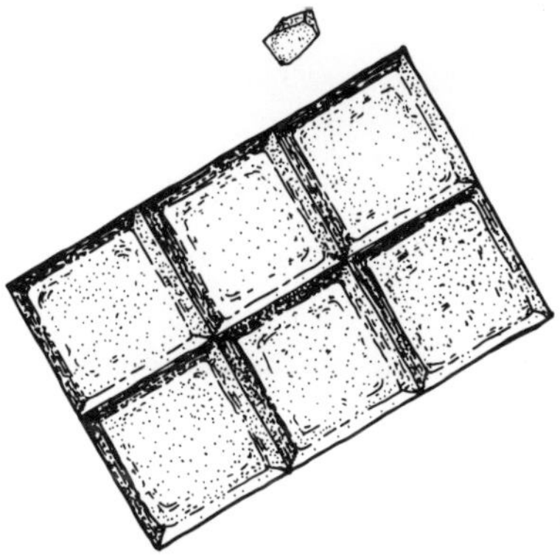

1 Préchauffez le four à 190 °C. Concassez les noisettes et râpez le chocolat.

2 Déroulez la pâte sablée. À l'aide d'un saladier retourné ou d'un emporte-pièce d'environ 15 cm de diamètre, marquez le centre de la pâte en l'enfonçant légèrement, sans la couper. Retirez le saladier, puis faites 8 entailles dans le cercle, en partant du centre jusqu'au bord de cercle empreint, de façon à former 8 triangles.

3 Garnissez le pourtour de la pâte avec la pâte à tartiner et les noisettes, en laissant un bord de 1 cm tout autour. Badigeonnez le centre de la pâte d'un peu d'eau, puis repliez les triangles vers l'extérieur en collant les pointes sur la pâte. Enfournez pour 15 min, jusqu'à ce que la pâte soit dorée.

4 Parsemez de copeaux de chocolat au moment de servir.

Astuce : vous pouvez servir la tarte froide ou tiède, pour une garniture fondante ultra-gourmande !

GLACE MINUTE à la myrtille

POUR 4-6 PERSONNES

Préparation : 5 min

- *600 g de myrtilles surgelées*
- *160 g de sirop de sucre de canne*
- *10 cl de crème liquide*

1 Dans le bol d'un mixeur, placez les myrtilles surgelées avec le sirop de sucre de canne et la crème liquide. Mixez jusqu'à obtenir une texture homogène. Si besoin, ajoutez un peu d'eau ou de crème.

2 Dégustez aussitôt ou réservez au congélateur. Pensez alors à sortir la glace 5 min avant de la servir, pour qu'elle soit plus souple.

Mousse à la FRAISE

POUR 4-6 PERSONNES

Préparation : 20 min
Réfrigération : 2 h

- *250 g de fraises*
- *Le jus de ½ citron*
- *1 blanc d'œuf*
- *70 g de sucre*

1 Coupez-les fraises en 2 puis mixez-les avec le jus du citron.

2 Dans un saladier, placez les fraises mixées, le blanc d'œuf et le sucre. Fouettez à l'aide d'un batteur électrique pendant 10 min environ, jusqu'à ce que l'ensemble monte et devienne aérien. Réservez 2 h au réfrigérateur.

Roses feuilletées aux POMMES

POUR 6 PERSONNES

Préparation : 20 min
Cuisson : 30 min

- *1 pâte feuilletée*
- *3 pommes type royal gala*
- *100 g de compote de pommes*
- *1 c. à café de sucre glace*

1 Préchauffez le four à 180 °C. Étalez la pâte et coupez-la en bandes de 3 cm de large. Recoupez-les en 2 dans la largeur.

2 Coupez les pommes à la mandoline en lamelles de 2 mm d'épaisseur. Faites-les précuire 10 min à l'eau bouillante.

3 Déposez de la compote sur la partie inférieure d'une bande de pâte. Disposez 6 ou 7 lamelles de pomme sur la moitié supérieure en les faisant se chevaucher légèrement et en les laissant dépasser. Rabattez la pâte sur les pommes et roulez le tout pour former une rose. Faites de même avec les autres bandes.

4 Déposez les roses dans des moules à muffins et enfournez pour 20 min. Saupoudrez de sucre glace.

Variante : vous pouvez saupoudrer les roses d'un peu de cannelle pour un goût plus relevé !

BAGUETTE MAGIQUE au Nutella®

POUR 4-6 PERSONNES
Préparation : 5 min
Cuisson : 10 min

- *1 baguette viennoise*
- *150 g de Nutella®*
- *2 c. à soupe d'amandes effilées*

1 Préchauffez le four à 180 °C. Découpez le dessus de la baguette de façon à former une barquette.

2 Faites ramollir le Nutella® au four à micro-ondes pendant 30 secondes. Répartissez-le dans la baguette et saupoudrez d'amandes.

3 Enfournez pour 10 min. Détaillez la baguette en tranches d'environ 3 cm. Dégustez chaud.

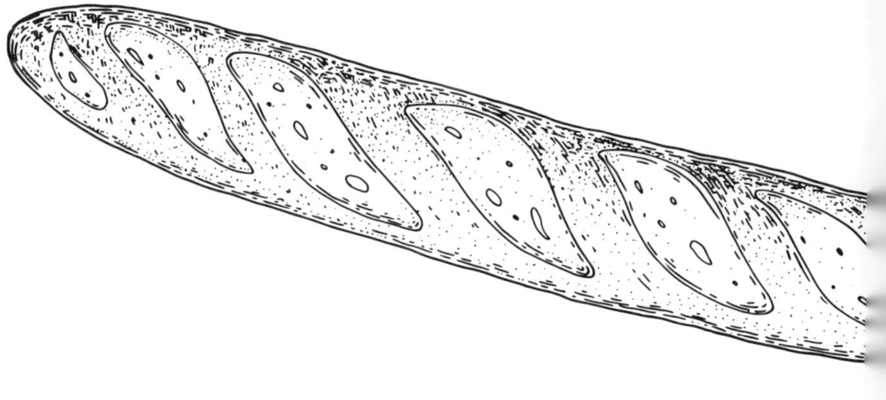

INDEX PAR INGRÉDIENT

INDEX PAR RECETTE

Crédits

Recettes : © Larousse : Bérengère Abraham (p. 55, 58, 59, 73, 87) ; Blandine Boyer (p. 57, 67) ; Coralie Ferreira (p. 43, 53, 61, 75, 79, 81, 85, 87) ; Delphine Lebrun (p. 51, 65, 89) ; Dorian Nieto (p. 21) ; Franck Schmitt (p. 33, 83) ; Mélanie Martin (p. 27) ; Noémie Strouk (p. 11, 33) ; Pauline Dubois-Platet (p. 14-15, 17, 24-25, 63, 93) ; Séverine Augé (p. 83) ; Valéry Drouet (p. 9, 19, 31) ; Vincent Amiel (p. 71) ; Zoé Armbruster (p. 37, 39, 41, 45, 47).).

Photographies : © Larousse : Aimery Chemin (p. 52, 60, 78, 80, 86) ; Aline Princet (p. 26) ; Blaise Gargadennec (p. 28, 36, 38, 40, 44, 46) ; Charly Deslandes (p. 42, 54, 58, 68, 72) ; Claire Payen (p. 70) ; David Bonnier (p. 10) ; Dorian Nieto (p. 20) ; Fabrice Veigas (p. 12-13, 16, 22-23, 32, 56, 62, 66, 90) ; Franck Schmitt (p. 32, 82) ; Pierre-Louis Viel (p. 8, 18, 30) ; Sophie Dumont (p. 50, 64, 88) ; Virginie Garnier (p. 74, 84).
Illustrations : © Shutterstock

Direction de la publication : Isabelle Jeuge-Maynart et Ghislaine Stora
Direction éditoriale : Émilie Franc
Direction artistique : Géraldine Lamy
Édition : Flore Beaugendre assistée de Mathilde Pichon
Couverture : Bastien Gélas
Création graphique et mise en pages : Camille de Montmorillon
Fabrication : Donia Faiz
Relecture : Audrey Peuportier

ISBN : 978-2-03-604090-8
Imprimé en RPC
Dépôt légal : octobre 2022
331653/01 – 11050920– mai 2022

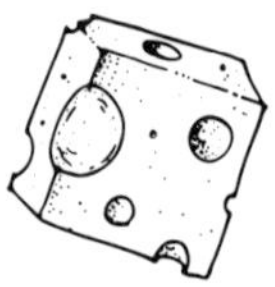